# 期權的價格信息與熵定價方法

余喜生 著

S 崧燁文化

# 引　言

　　現代期權定價理論提供的是基於風險中性測度的無套利價格，其對應的定價方法往往都要對標的資產價格過程、市場完備性甚至市場參與者進行模型或其他方面的假定，而這些假設通常都與實際市場的表現不相符。同時，諸多研究表明，期權市場本身富含許多對定價有效的信息，這些信息可以準確反應市場的各種預期——包括標的資產收益的預期分佈，從而能夠捕捉到與實際市場相符的風險中性分佈的「形狀」，比如能夠準確考慮波動率微笑（volatility smile）和尾部行為（tail behavior）等。因此，為了定價的結果更為理性、切合真實市場的表現，定價過程中不能過度地依賴模型和一些假設，而應從現實金融市場中充分獲取對定價有用的信息。然而，目前諸多非參數定價方法又往往只從標的資產市場獲取相關信息，忽略或沒能考慮到如何充分獲取期權市場所蘊含的有效信息，進而為期權給出更合理的定價。

　　鑒於以上所述，本書立足實際金融市場，研究並提出了一種基於信息熵的非參數期權定價方法：從期權的市場價格提取有效信息，借鑑信息熵原理建立期權的非模型依賴（model-free）定價方法，使得定價結果更加符合真實市場的表現，並對定價系統進行軟件化。以期改進已有定價理論中由諸如非完備市場（或由其他與實際市場不符的）假定帶來的定價結果不唯一（或不準確）的不足，更好地架構起現實市場與定價理論之間的橋樑；為衍生證券的理性定

價提供新的研究思路；為投資者和交易員提供反應真實市場信息的定價工具；使之有益於中國金融衍生品市場的理性發展。

本研究成果主要創新點體現在以下三個方面：

1. 從期權市場提取有效信息

除標的證券市場外，期權市場也蘊含著諸多對定價有效的信息。本研究選擇「標的資產對數收益的風險中性矩」作為待提取的有效信息，使用隨機數學理論，建立起「從有限的期權市場價格中獲取這些風險中心矩」的方法。這些矩能夠準確地反應真實的資產市場的各種預期，尤其是標的資產的收益分佈特徵。

2. 唯一理性定價測度的確立

將以上提取到的富含信息的風險中性矩，作為約束條件嵌入到最大熵框架，構建起能夠給出唯一理性定價測度的框架，進而可以為期權給出符合實際市場表現的理性定價。這一定價測度與所提取的市場有效信息相吻合，且是風險中性的、唯一的，從而有望突破以往不完備市場中等價鞅測度不唯一的難題。

3. 該研究提出的定價方法，可以為多類衍生品定價，包括歐式、美式和其他路徑依賴衍生品等，並已產生定價軟件包；本研究的部分成果已經投入實際市場的應用（衍生品交易策略），並取得一定的應用價值和經濟效益。

# 目　錄

第一章　緒論 / 1
　　第一節　本書寫作背景與研究現狀 / 1
　　　　一、背景與意義 / 1
　　　　二、國內外研究現狀與已有研究成果 / 2
　　第二節　原創成果與創新貢獻概要 / 3
　　第三節　讀者對象 / 5
　　第四節　基礎要求、學習目標與文獻引用說明 / 5
　　　　一、基礎要求 / 5
　　　　二、學習目標 / 6
　　　　三、文獻引用說明 / 6

第二章　文獻綜述與本書篇章結構 / 7
　　第一節　文獻回顧——研究現狀與發展動態分析 / 7
　　　　一、關於「期權價格信息、風險中性矩估計」的文獻回顧 / 8
　　　　二、關於「基於熵的定價方法」的文獻回顧 / 11
　　　　三、關於「最小二乘蒙特卡羅方法」的文獻回顧 / 13
　　第二節　篇章結構 / 14

第三章　預備知識 / 17
　　第一節　金融衍生品定價基本概念與定理 / 17
　　　　一、期權及其他基本概念 / 17

二、套利機會 / 22

三、資產定價基本定理 / 22

第二節　Bachelier 理論和 Brownian 運動 / 23

一、Bachelier 理論 / 23

二、Brownian 運動 / 24

第三節　熵 / 25

一、熵的概念 / 25

二、自信息 / 26

第四節　數學預備 / 27

一、隨機微積分 / 27

二、特徵函數 / 29

三、等價鞅測度，風險中性定價測度和熵定價測度 / 30

四、熵定價測度的唯一性 / 31

五、Black-Scholes 偏微分方程與邊界條件 / 33

# 第四章　基準定價方法 / 35

第一節　導言 / 35

第二節　Black-Scholes 期權定價公式 / 36

一、B-S 公式（Black-Scholes 公式）/ 36

二、帶紅利 B-S 公式 / 38

第三節　臨界條件、美式期權 PDE 及線性互補問題 / 39

第四節　Crank-Nicolson 有限差分方法 / 42

第五節　最小二乘蒙特卡羅方法（Longstaff-Schwartz）/ 45

第六節　AC08 和 CLM 方法 / 47

第七節　AA10 和 VCLM 方法 / 51

第八節　本章小結 / 51

## 第五章　風險中性矩（RNM）的 Model-Free 提取方法 / 53

### 第一節　導言 / 53

### 第二節　從期權價格提取風險中性矩 / 54

　　一、歐式期權的風險中性矩公式 / 54

　　二、美式期權的風險中性矩公式 / 56

### 第三節　風險中性矩的實現 / 60

　　一、期權價格的曲線擬合方法：Black-Scholes 映射法 / 60

　　二、積分數值計算：梯形法則（Trapezoidal Rule）/ 61

### 第四節　本章小結 / 66

## 第六章　基於熵方法的風險中性分佈估計 / 67

### 第一節　導言 / 67

### 第二節　「Shannon 熵」的解釋 / 68

### 第三節　帶風險中性矩約束的（相對）熵 / 70

　　一、帶風險中性矩約束的熵定價模型 / 70

　　二、風險中性定價測度：存在性與唯一性 / 72

　　三、為什麼選擇前四個矩作為約束 / 74

### 第四節　風險中性概率分佈估計 / 76

　　一、風險中性概率分佈估計公式 / 76

　　二、風險中性概率分佈的數值求解 / 77

### 第五節　本章小結 / 77

## 第七章　帶矩約束的最小二乘蒙特卡羅熵方法（RME）的實現 / 79

### 第一節　導言 / 79

### 第二節　最大熵定價與 Black-Scholes 期權定價 / 80

### 第三節　帶矩約束的最小二乘蒙特卡羅定價（RME Valuation）/ 82

　　一、歐式期權定價 / 82

二、美式期權定價 / 83

第四節 本章小結 / 85

# 第八章 RME 方法基於模擬市場同其他方法的比較 / 86

第一節 導言 / 86

第二節 基於模擬市場環境下對 RME 方法的檢驗 / 86

一、初始設置 / 87

二、收益樣本與期權樣本數據 / 88

三、風險中性矩與風險中性概率分佈的實現及比較 / 88

四、風險中性定價測度的進一步解釋 / 93

五、樣本路徑生成與最優執行決策 / 94

第三節 定價結果分析及同其他基準方法比較 / 96

一、第一個實驗：定價結果分析與比較 / 96

二、第二個實驗：定價結果分析與比較 / 105

第四節 本章小結 / 109

# 第九章 RME 定價方法進一步的實證研究——基於 IBM 股票期權 / 111

第一節 導言 / 111

第二節 數據描述與歸類 / 112

第三節 紅利與無風險利率的處理 / 114

一、紅利的處理 / 114

二、無風險利率的處理 / 115

第四節 期權市場價格信息，RME 定價及基準定價方法 / 115

一、期權價格數據與風險中性矩 / 115

二、收益時間序列、風險中性概率分佈與風險中性樣本路徑 / 117

三、定價方法 / 119

第五節 定價結果分析 / 121

一、結果分類與誤差度量 / 121

　　二、結果分析與比較 / 121

　第六節　本章小結 / 126

第十章　對 RME 定價方法進一步的實證研究
　　　　——基於 OEX 股指期權 / 128

　第一節　導言 / 128

　第二節　期權價值——一個最優停時問題 / 128

　　一、基於最小二乘法的最優執行策略 / 128

　　二、期權價值 / 130

　第三節　樣本數據與方法介紹 / 130

　　一、數據說明 / 130

　　二、RME 定價 / 131

　　三、基準定價方法 / 132

　第四節　實證結果與分析 / 133

　　一、結果分類與誤差度量 / 133

　　二、定價結果分析 / 133

　第五節　本章小結 / 136

第十一章　結束語 / 137

　第一節　本書內容總結 / 138

　第二節　有關本書內容的進一步研究 / 143

參考文獻 / 145

附錄 / 153

　附錄 A：證明 / 153

　附錄 B：Matlab 代碼 / 158

后記 / 159

# 第一章　緒論

本書是基於作者多年的學習與研究成果而著成，屬作者科研創新的成果。本章介紹了著寫此書的市場背景、研究背景與意義；國內外研究現狀、發展動態分析與已有的研究成果；原創成果與創新貢獻；讀者對象、基礎要求與學習目標；文獻引用說明等。

## 第一節　本書寫作背景與研究現狀

### 一、背景與意義

2010年4月16日，中國滬深300股指期貨合約正式上市交易，兩年後其成交量就達全球第五，累計成交金額達150多萬億；並且已在金融市場中發揮出價格發現、套期保值、轉移風險等功能。這些都標誌著中國金融衍生產品（又稱衍生證券）市場已進入一個新的良好的發展階段。2014年5月9日，國務院印發了《關於進一步促進資本市場健康發展的若干意見》，作為中國今後五到十年的資本市場綱領性文件，其中涉及如何大力發展期貨及金融衍生品行業，指出「允許符合條件的機構投資者以對沖風險為目的使用期貨衍生品工具，清理取消對企業運用風險管理工具的不必要限制」。這表明，中國市場的金融衍生品創新步伐正在進一步加速。

隨著2014年「期權元年」有關期權業務準備工作的就緒，2015年2月9日，中國第一支期權（上證50ETF）在上海證券交易所正式上市交易，這是繼股指期貨、融資融券之後，A股市場的第三類金融衍生品。這意味著中國衍生產品市場體系得以進一步的延伸和完善，其他的各類衍生產品，勢必也會在合適的機會進入市場。

眾所周知，金融衍生品的核心問題之一是定價。如何準確地利用市場提供的信息，為期權等衍生品給出合理的價格，關乎交易員的交易策略、投資者的投資行為、公司企業的決策，以及各個環節的風險控制。為了更好地發揮衍生證券在金融市場中的各種作用，尤其在中國當前衍生產品市場發展的新階段，研究如何結合實際市場，對衍生證券進行理性定價顯得尤為重要；同時，對衍生品定價的研究也可豐富金融工程學核心領域的研究內容。

現代期權定價理論提供的是基於風險中性概率密度的無套利價格，其對應的定價方法往往建立在一些模型或假設之上，諸如對標的資產價格過程預設模型（如幾何布朗模型）、假設市場完備、投資者風險厭惡等。然而這些模型和假設往往與實際市場並不相符。因此，為了定價的結果更為理性、符合真實市場的表現，就不能夠過度依賴模型和一些假設，而應從現實金融市場中獲取對定價有用的信息，並充分使用。諸多的文獻研究表明，期權市場蘊含許多的有效信息，這些有效信息可以準確地反應市場的各種預期，包括標的資產收益的預期分佈，從而能夠捕捉到與實際市場相符的風險中性分佈的「形狀」，能夠準確地將波動率微笑（volatility smile）和尾部行為（tail behavior）考慮進來。

依據風險中性定價原理，對於期權的定價，則需研究如何使用獲取的有效信息得到風險中性定價測度。於是，定價問題可以轉化為「在掌握（獲取）的所有準確信息下，尋求最符合實際市場表現的標的資產價格分佈」問題。信息學中的熵理論正好可以解決「如何在已有的準確信息條件下，為一個隨機變量（如標的資產價格）尋找最符合真實情況的分佈」的問題（Jaynes，1957，1982）。實際上，已有一些研究文獻關注使用信息熵方法從金融產品價格中提取有效信息為期權定價。它是一個具實際意義、又較為複雜的交叉新興學科研究問題，目前仍有許多亟待解決的研究內容。

## 二、國內外研究現狀與已有研究成果

為詳盡地提供給讀者相關內容，本小節的相關國內外研究現狀及發展動態分析，包括已有的研究成果，其內容將放在專門的章節中（第二章第一節「文獻回顧」）。

## 第二節　原創成果與創新貢獻概要

　　正是基於本章第一節中介紹的背景與現狀，本書研究並提出能夠為期權理性定價的非模型依賴（model-free）方法：立足於現實金融市場，盡量少依賴既定的定價模型或其他假設，使用期權市場有限數量的價格數據（除使用標的資產價格信息外），提取對定價有效的信息；結合這些來自真實市場的信息，借鑑信息熵原理建立期權非模型依賴定價方法，得到更「準確」的風險中性定價測度，為期權給出符合實際市場的理性定價。這些研究將用到金融市場學、隨機數學、信息熵理論以及數值計算與實現技術。

　　該研究的主要貢獻在於：能夠將隱含於期權市場的有效信息，量化為風險中性矩而被準確地提取出來；將其作為約束條件嵌入最小二乘蒙特卡羅熵定價框架（Longstaff & Schwartz, 2001; Stutzer, 1996）；並改進最小二乘蒙特卡羅算法，形成帶風險中性矩約束的最小二乘蒙特卡羅熵定價方法（risk-neutral moment-constrained entropy valuation，RME）。RME 方法從一個新的視角基於最大熵原理和最小二乘蒙特卡羅（LSM）算法為歐式、美式及其他路徑依賴期權定價。模擬和實證結果表明，從估計風險中性矩能力與降低定價誤差的角度來看，研究提出的 RME 定價方法比一些基準方法——包括 Black-Scholes 方法（BS）、有限差分方法（FD），以及最新提出的基於熵框架的定價方法 CLM、AC08、AA10、VCLM[①] 都佔有優勢。理論上，RME 方法可以應用於任何其他的虛擬市場環境和實際市場，因為其能夠從期權市場有效地捕捉到標的資產收益分佈的準確信息，從而準確估計出風險中性定價測度，而不需要對標的資產價格過程強加過多假設。

　　1. 研究得到的主要結果

　　（1）證明了基於已知的準確信息約束下所構建的最大熵模型，能夠提供最符合實際的風險中性鞅測度，可用來作為期權的風險中性定價測度；並且，在風險中性矩不相關的條件下，這樣的鞅測度是唯一存在的。

　　（2）在標的資產價格服從幾何布朗運動時，提出的 RME 定價模型得到的風險中性測度恰好是 Black-Scholes 定價的風險中性測度（定理 7.1）。

---

　　[①] AC08 指 Alcock 和 Carmichael（2010）提出的方法；CLM 指 Liu（2010）提出的 Canonical least-squares Monte Carlo 方法；AA10 指 Alcock 和 Auerswald（2010）提出的方法；VCLM 指 Liu 和 Guo（2014）提出的方法。詳見第二章第一節「文獻回顧」。

（3）提取風險中性矩、估計風險中性概率分佈的能力。基於模擬的市場，檢驗從期權價格提取風險中性矩的實驗中，本研究提出的 RME 方法能夠精確地估計風險中性矩（與理論值一致，精確到小數點后 4 位）。RME 得到的最大熵分佈是「風險中性」的（圖 8.1、圖 8.2）。

（4）改進 LSM 算法。分析了 CLM 對美式期權定價結果的收斂性，對 LSM（Longstaff & Schwartz，2001）進行了修改，得到一種改進的 LSM。

（5）對於第一個模擬實驗，RME 方法得到的價格幾乎均與真實價格一致（表 8.5、表 8.6）；定價精確度基本隨 moneyness 單調遞增，在深度實值時的誤差非常小（表 8.7、表 8.8）；RME 方法只對平值和深度實值看跌期權產生價值低估，而 AC08 方法產生一致的負偏差（表 8.9、表 8.10）。

RME 方法得到的定價結果，高度無偏，且對每一個模擬結果均比 AC08 方法更穩定（通過 MSE 統計量反應）（表 8.9、表 8.10）。

（6）對於第二個模擬實驗（表 8.11、表 8.12），在不同的漂移率（growth rate、drift rate）下，無論是美式看漲或看跌期權，RME 給出的價格與真實價格幾乎一致但低於真實價格；而 CLM 產生正向定價誤差。

RME 定價計算比 CLM 要穩定；總體上，RME 定價比 CLM 定價更精確，尤其是對美式看跌期權。

（7）對於 IBM 美式期權的實證（表 9.2）。對 IBM 看漲期權，RME 定價誤差基本是 CLM 定價誤差的一半；對 IBM 看跌期權，RME 定價精確度很高，且明顯優於 CLM 和 FD 定價方法，特別是在實值和深度實值狀態。

除了實值和短期期權，RME 方法基本低估期權價格，但幾乎對所有的分類，其定價誤差都比其他基準方法要低。

（8）對於 OEX 美式看跌期權的實證（表 10.2）。使用了 RME 方法，以及基準方法 AA10 和 VCLM。結果與上述基於 IBM 看跌期權的實證結果類似。更重要的是，通過分析比較，發現 RME 與 VCLM 方法包含了許多共同的有效信息，而 AA10 並沒完全捕捉到這些信息。

2. 研究的主要創新點

（1）從期權市場提取有效信息——風險中性矩。除標的市場外，期權市場也蘊含諸多對定價有效的信息。本研究選擇「標的資產對數收益的風險中性矩」作為待提取的有效信息，並建立一種方法，不依賴模型地從有限數量的期權市場價格中獲取風險中心矩。這些矩能夠準確地反應標的市場的各種預期尤其是標的資產的收益分佈特徵，比如可以捕捉到「波動率微笑」和「尾部現象」。

首先引入隨機數學中的特徵函數，使用隨機積分方法建立起風險中性矩與

期權價格之間的理論關係；其次採用一種穩定的數值計算技術，實現這一理論關係，使得能夠直接從有限數量的期權價格中準確提取出富含有效信息的各階風險中性矩。

（2）理性定價測度的確立。將以上提取到的富含信息的風險中性矩，作為約束條件嵌入到最大熵框架，根據信息熵理論求得更加「合適」的定價測度，進而為期權給出符合實際市場表現的理性定價。

這一定價測度與所提取的市場有效信息相吻合，且是風險中性的、唯一的，從而有望突破以往不完備市場中等價鞅測度不唯一的難題。

在標的資產價格服從幾何布朗運動時，RME 定價模型得到的風險中性測度恰好是 Black-Scholes 定價的風險中性測度。

（3）無需大量市場數據、很容易考慮紅利因素，可以為多類衍生品定價。研究中提出的 RME 方法，從其具體定價過程可以看出，該方法能夠應用到美式期權以及其他路徑依賴期權定價；且很容易將紅利情況考慮進來。同時，也不需要大量的標的以及期權歷史價格數據。

## 第三節　讀者對象

本著作的內容是有關金融工程領域中的核心研究內容——期權定價，研究過程是以金融市場為導向、隨機數學與信息學為手段、計算編程為工具，介紹了最新的非模型依賴期權定價方法，以及作者的最新研究成果。本書適合於從事金融衍生證券行業的研究人員以及金融與數學相關專業高年級本科生、研究生的閱讀。特別地，本書對衍生品定價、套利和程序化交易具有一定的應用指導意義，同時可為相關專業研究生的課題（學位論文）選題提供理論參考。

## 第四節　基礎要求、學習目標與文獻引用說明

### 一、基礎要求

本書的研究內容，涉及金融市場學（特別是有關衍生證券市場）、隨機數學、信息熵和計算機編程。為此，要能夠順利閱讀並理解本書的內容，讀者在閱讀過程中，需要具備以下的知識：

(1) 熟悉金融衍生產品，特別是各類期權的基本性質；理解定價框架中的基本概念，如無套利原則、市場完備性和風險中性定價等。

(2) 掌握基本的定價模型與方法，如 Black-Scholes 期權定價模型、有限差分方法（finite difference）、二叉樹模型（binomial tree）、最小二乘計算、蒙特卡羅（Monte Carlo）方法。當然，本書在一定程度上對這些需用到的模型方法進行了介紹。

(3) 數學方面的知識，要求掌握隨機過程課程中的基本概念，如伊藤積分（Ito integral）、等價鞅測度（equivalent martingale measure）。另外，也要求熟練微積分中的各類計算。

(4) 熟悉信息學中的最大熵模型，理解其含義與意義。本書中也有相關知識的介紹。

(5) 關於計算程序，首先要會基本的數值求解，如數值積分求解；其次，掌握一些基本計算軟件並會使用其進行編程，如 Matlab 數學軟件，如果會使用 C++或 VB 語言則更好。

讀者如若具備這些基本要求，本書閱讀起來將會顯得通俗易懂。

## 二、學習目標

根據本書的研究內容與內容安排，學習的目標設計為：熟悉期權各類定價方法，尤其是基於最大熵原理的非參數定價方法；理解基於熵的定價方法在現實（如非完備）市場的適用性；掌握最新的基於熵原理的期權定價方法；體會期權市場價格信息對理性定價的重要作用。

同時，也希望讀者在讀完此書后，能夠將其中的思路運用到期權交易策略、衍生產品設計中去；為投資者和交易員提供反應真實市場信息的定價工具。

## 三、文獻引用說明

本書中所有的概念、性質、公式、引理、定理、推論、結論與證明，若是引用前人已有的結果，則在引用時均給出了出處說明。有些說明出現在腳註或正文中用括號標註；如果是多處引用時，則在每節內容的開端註有說明，如第三章「預備知識」中均是引用已有的結果。

如若沒有註明來源，則表示此結果來自作者的研究成果。

# 第二章　文獻綜述與本書篇章結構

## 第一節　文獻回顧——研究現狀與發展動態分析

現代衍生產品定價方法往往建立在一些模型或假設之上，諸如對標的資產價格過程預設模型（如幾何布朗模型）、假定市場完備（complete）、投資者風險厭惡等。然而這些模型和假設通常都與實際市場不符。因此，為了定價的結果更為理性、切合真實市場的表現，不能夠過度依賴模型和一些假設，而應從現實金融市場中充分獲取對定價有用的信息。實際上，已有研究文獻開始關注如何從金融衍生產品（除了標的資產）價格中提取有效信息為衍生產品定價。

同時還應注意到，對未定權益（如期權）定價最普遍的方法就是風險中性定價方法。理論上，當市場完備時，該定價方法十分有效，因為無套利條件下完備市場能夠提供唯一的風險中性概率分佈（定理 3.2），進而為未定權益給出唯一的價格。但市場不完備時風險中性定價方法只會為未定權益給出「不明朗」的價格：不完備市場允許許多的風險中性概率（Gulko, 1997; Ingersoll, 1987），這些不同的概率分佈會導致不同的未定權益價格。無論市場是否完備，真實的風險中性概率是未知的，必須從市場已知的信息（如期權交易價格）中提取（或估計）從而為未定權益定價。將這些準確提煉出來的信息作為一種約束，再通過某些方法估計出風險中性測度，最終為未定權益，如美式期權進行定價。

本節對書中關於期權（如美式期權或路徑依賴期權）定價所涉及的內容與所應用的方法，包括期權市場價格的信息、風險中性矩的提取、熵定價原理、最小二乘 Monte Carlo 方法等，分別進行較詳盡的文獻回顧。

## 一、關於「期權價格信息、風險中性矩估計」的文獻回顧

風險中性矩指的是在風險中性測度下的一個隨機變量的矩。在統計學中，一個隨機變量的矩通常可以用來刻畫該變量的分佈，比如正態分佈完全可以由變量的一階矩和二階矩（即均值和方差）來刻畫。因此，如果能夠從真實市場中提煉出標的資產收益（或對數收益）的各階風險中性矩，則這些矩就能很好地捕捉到價格的真實風險中性概率分佈。關鍵問題是：金融產品（如期權）市場蘊含哪些對定價有效的信息，以及如何從這些信息中提取風險中性矩。

期權市場價格蘊含著許多對期權定價有效的信息，有關該研究的文獻很廣泛[1]，其主要思想是充分提取期權價格包含的有關標的資產收益分佈的有效信息。這個思想最早可追溯到 Breeden 和 Litzenberger（1978）與 Banz 和 Miller（1978），他們論述了「完備市場中的風險中性概率分佈可通過歐式期權價格關於執行價格的二階導數來表達」的觀點。這說明可以從期權市場價格信息中提取風險中性概率密度進而為期權定價（Chiras & Manaster, 1978；Bates, 1991；Cao et al., 2011）。對於利用衍生產品的市場價格提取恰當的信息為衍生品的定價所用，目前已有的研究文獻一般是通過提取標的資產收益的隱含波動率或風險中性概率分佈，再使用各種理論方法對衍生產品給出定價。

第一類可稱為「隱含波動率曲面（volatility surface）」法。此類方法的特點是，基於衍生產品市場價格使用非參數或某種無模型（model-free）方法構造出波動率曲面，再將波動率轉換成欲定價的衍生產品價格。其優點在於，所得到的隱含波動率能夠準確反應市場的各種預期，從而為衍生產品理性定價提供豐富、有效的信息。關於從衍生產品價格提取隱含波動率的方法有：①非參數光滑函數估計法，主要研究有 Shimko（1993）的光滑曲線/多項式擬合法；Avellaneda 等（1997）的相對熵方法；Aït-Sahalia 和 Lo（1998）的核估計方法（pricing kernel estimator）。但這些方法在估計波動率曲面時常常需要大量密集的市場數據，否則會遇到由擬合光滑度帶來的數值計算方面的困難，甚至產生

---

[1] 文獻綜述可參見 Bahra（1997），Jarrow 和 Rudd（1982），Ait-Sahalia 和 Lo（1998），Jackwerth（1999）。方法與應用問題見 Kang 和 Kim（2006），Jarrow 和 Rudd（1982），Jackwerth 和 Rubinstein（1996），Grundy（1991），Bates（1991），Melick 和 Thomas（1997），Britten - Jones 和 Neuberger（2000），Jiang 和 Tian（2005），Bakshi 和 Madan（2000），Bakshi，Kapadia 和 Madan（2003）。

負值波動率。② Britten-Jones 和 Neuberger（2000）提出的無模型方法，該方法不預設任何模型，運用數學方法，通過無套利條件推導出隱含波動率和衍生產品價格的關係，按照不同推導方法主要有兩組研究，一組為 Britten-Jones 和 Neuberger（2000）；另一組為 Bakshi 等（2003）和 Kang 等（2010）。並且 Jiang 和 Tian（2005）實證表明了這種無模型隱含波動率包含其他類型波動率的所有信息。但其缺點是，該方法僅僅用來估計波動率，並不能（或沒有考慮）用來為衍生產品定價；而且 Britten-Jones 和 Neuberger（2000）的方法很難推廣至高階特徵量，如峰度與偏度。

第二類方法是「風險中性概率分佈」選擇法。該類方法是指，以實際市場為指導，利用金融產品的交易價格，採用各種方式方法找出「最合適」的概率分佈作為「風險中性概率分佈」（無論市場是否完備），進而為衍生產品作出更合理的定價。從實際市場價格提取風險中性概率分佈的方法，除一些常見的非參數方法外，主要還有：① Rubinstein（1994）提出的隱含二項樹方法，以及后來的改進方法（Jackwerth & Rubinstein, 1996; Jackwerth, 1999）。② Stutzer（1996）的 Canonical 方法，包括該方法的研究團隊成果（Stutzer & Chowdhury, 1999; Gray et al., 2007; Alcock & Carmichael, 2008; Alcock & Auerswald, 2010）。這兩種方法特點是通過歷史價格數據，基於一些基本約束（如鞅約束，martingale constraint），不需要假設參數模型，找出最「合適」的風險中性概率分佈，因此避免了市場完備性的要求。兩種方法的主要區別在於所使用的目標函數不同。前者適用美式衍生產品；後者也逐漸被延拓至美式以及一些路徑依賴衍生產品（Alcock & Carmichael, 2008; Liu, 2010; Liu & Yu, 2013）。但這些方法均沒有從市場價格信息中提煉更多重要的內容，如波動率，從而導致最終得到的風險中性概率分佈並不是最「合適」的。鑒於此，Liu 和 Guo（2014）考慮到將市場隱含波動率作為額外的約束條件，加入到原來的定價框架中，實證結果表明定價誤差顯著減小。Yu 和 Liu（2014）在 Liu（2010）的基礎上改進了算法，並進行了實證研究。Yu 和 Yang（2014），Yu 和 Xie（2015）在前期的研究工作中使用一種非模型依賴的方法提取標的資產收益的風險中性矩（risk-neutral moment），以便得到更加接近真實的中性概率分佈，因為這些矩可以準確地反應標的資產收益的分佈。

有關從衍生產品價格提取對衍生產品定價有用的信息，國內專門的研究文獻數量有限（「國內相關領域的研究則幾乎空白」，鄭振龍，2009），近五年才見有相關或相近領域的研究，筆者認為這主要是受中國（大陸地區）衍生產品市場品種與交易所限。周娟和韓立岩（2008）對 Rubinstein（1994）的方法

進行了定性討論，利用歐元期貨期權的價格推導歐元期貨的隱含風險中性概率分佈；黃薏舟和鄭振龍（2009）討論並首次將 Britten-Jones 和 Neuberger（2000）的隱含波動率提取方法，用於香港恒生指數期權實證檢驗提取的波動率所包含的信息內容（information content）。然而這些方法沒有注意到將「從資產價格提取的信息」用來為「衍生產品定價」服務。Liu（2010）提出 Canonical least-squares Monte Carlo（CLM）方法，通過 Canonical 方法得到風險中性定價測度、結合最小二乘蒙特卡羅算法（Longstaff & Schwartz，2001）為美式期權進行定價，但該方法仍然不能提取反應標的資產收益分佈的一些重要因素，比如波動率，導致所得到的定價測度與實際市場反應出來的並不很相符，這可以從 Liu 和 Yu（2013）關於在 CLM 方法基礎上對 S&P100 指數期權和 IBM 期權進行的實證研究結果中看出。Liu 和 Guo（2014）改進的考慮市場隱含波動率的方法，不能夠反應出其他諸如尾部行為等影響。總的來說，有關從實際市場出發少依賴模型地提取有效信息為衍生產品定價的研究，似乎還未引起國內學者的特別關注。

目前許多文獻感興趣於從歐式期權價格數據估計標的資產收益的風險中性矩。這些矩不依賴任何期權定價模型，因此有廣泛的應用。通常可用來研究期權所包含的關於股票的市場波動率以及更高階風險中性矩的信息內容（Canina & Figlewski，1993；Christensen & Prabhala，1998；Dennis & Mayhew，2002；Jiang & Tian，2005；Bollerslev & Zhou，2006）；也可用來估計股票與期權市場參與者的風險厭惡系數（Bakshi & Madan，2006；Kang et al.，2010）；還可用來估計標的資產收益的風險中性密度（Corrado & Su，1996）。

從期權價格非模型依賴地估計出資產為了收益的風險中性矩，一般有兩種方法。一種是使用由非參數方法（從期權價格）估計出來的風險中性密度（Breeden & Litzenberger，1978；Ait-Sahalia & Lo，1998），利用這個風險中性密度可以計算出任意階的風險中性矩。該方法在理論上是可行的，只要所用的期權價格是連續的，但這也正是此方法的缺點，該方法要求大量的截面期權價格數據，而實際市場通常都不可得（Pagan & Ullah，1999）。另外一種方法就是由 Bakshi 和 Madan（2000）提出，該方法說明了風險中性的資產收益可以由一列虛值（out of the money）歐式期權價格擴展得到。基於此，Bakshi，Kapadia 和 Madan（2003）給出了由虛值歐式看漲、看跌期權價格提取一至四階非中心風險中性矩的公式，這些公式的得來不依賴任何定價模型，也不必像第一種方法那樣需估計風險中性密度。並且通過類似數學手段，Britten-Jones 和 Neuberger（2000）更早些時候就推導出基於期權（虛值期權）價格的隱含

波動率公式，只是這個公式要假設標的資產價格連續。Rompolis 和 Tzavalis（2009）推廣了無模型提取中心風險中性矩的公式，不再限於四階矩，可以是任意階中心矩；同時還給出了無模型隱含波動率的公式，這些公式都是基於歐式期權；並計算出了由離散數據導致的誤差上界。以上僅適用於從歐式期權估計風險中性矩。Yu 和 Yang（2014）從特徵函數角度推導了無模型風險中性矩的公式，並給出了一定條件（比較容易滿足）下使用美式看漲期權提取標的資產對數收益的風險中性矩公式，而且通過模擬結果說明了估計的精確度，同時也進行了實證分析。本書將採用此方法估計風險中性矩。

## 二、關於「基於熵的定價方法」的文獻回顧

熵定價方法通常有最大熵方法和最大交叉熵（相對熵）方法，它們在有效信息市場中都能夠提供唯一的最大熵密度分佈，正如前文所述，這個熵分佈測度可作為定價測度，用來為期權定價。最大熵原理可以為期權定價確定一個恰當的定價測度，根據信息熵原理，除了已有的信息，這個測度盡可能地將最少的其他信息嵌入到真實的概率測度（如 Frittelli, 2000）。而交叉熵方法需要事先估計出先驗分佈，但這個先驗分佈可能「並不準確」，因此 Jaynes（1957）曾指出，「最大熵密度對未知信息是最不確定的，除此密度再也沒有其他的密度能夠表達這種『最不確定性』了」。

Stuzer（1996）首次提出了一種基於熵的定價方法——Canonical 方法，對歐式期權進行定價，該方法實際使用最大熵原理得到最大熵概率分佈作為風險中性概率測度為期權定價，其中的風險中性測度是直接使用標的資產歷史價格（收益），在賦予軟約束條件下通過最大熵原理獲得的。即給定已實現的（歷史）資產收益，在已知的有關資產信息條件（包括軟約束條件）下，Canonical 方法通過最大熵原理將 empirical 概率測度轉化為等價鞅測度。Canonical 方法很具吸引力，它不需要預設期權定價模型或任何標的資產分佈，也無論市場是否完備，而且 Stuzer（2000）還證明過此方法完全可以推導出 Black-Scholes 期權定價公式。隨后很多文獻對其進行過實證研究[①]。幾乎在同一時期，Buchen 和 Kelly（1996）明確地使用「最大熵原理」一詞，研究了在

---

[①] Stuzer 和 Chowdhury（1999），Foster 和 Whiteman（1999, 2006）分佈對債券期貨期權、CBOT 上交易的大豆期貨期權進行 canonical 方法的實證分析；Gray 和 Newman（2005），Alcock 和 Gray（2005），Gray、Edwards 和 Kalotay（2007）也分別對此方法進行了各方面的檢驗。並且所有研究結果都是正面的。

不完全市場如何使用這一原理，從只有幾個離散的期權價格數據中導出風險中性概率分佈，而且進行了模擬的分析，並討論了該原理的一個推廣形式——最小相對熵①。

基於上面提出的熵定價方法，近年有諸多的文獻從以下兩個主要方面進行推廣。

第一種推廣是除了鞅的約束條件，在最大熵定價框架中增加額外的已知信息約束。例如，Gray 和 Newman（2005）在 Canonical 方法的熵定價框架中增添一個平價（at the money）期權約束（即該平價期權能夠被正確定價），進而得到最大熵概率分佈作為定價測度，為期權進行定價。

由於此前的熵方法僅限於歐式期權，為了打破這種局限性，第二種推廣致力於將其適用範圍拓展至具有提前執行特徵的美式期權定價。這類推廣主要是將 Canonical 方法與最小二乘蒙特卡羅方法（Longstaff & Schwartz, 2001）結合起來。Alcock 和 Carmichael（2008）推廣至美式期權並在模擬環境下進行了美式期權的定價與比較（同其他美式期權定價方法，如有限差分方法），主要思路是先基於標的資產的歷史收益數據用最大熵原理得到一個風險中性測度，再運用矯正的加權最小二乘迴歸方法確定最優執行點，最後使用得到的風險中性概率分佈為美式期權定價。Alcock 和 Carmichael（2008）的這一美式期權定價方法，仍有兩個值得考慮的問題：一是為了求得風險中性測度需要使用大量的、寬時間窗口的歷史數據，而且每一個期權均需要使用不同的歷史數據，這會導致計算機的高負荷運算，另一方面過寬的時間窗口數據（歷史收益）作為現在的收益估計未必有效；第二個不足是沒有考慮紅利的因素，並且其方法不便於考慮有紅利支付的情況。Liu（2010）提出 CLM 法，先使用固定數量的歷史收益（比如日收益）數據，通過 Canonical 方法為每一個相同交易日的期權得到一個風險中性測度，再為標的資產生成風險中性價格路徑，最後採用最小二乘蒙特卡羅算法為美式看跌期權定價。在 CLM 方法中，波動率也被考慮進來，並進行了 Black-Scholes 環境下的模擬計算，結果（定價誤差百分比）表明此方法完全可與有限差分方法以及 Longstaff 和 Schwartz（2001）的最小二乘蒙特卡羅方法比擬。Alcock 和 Auerswald（2010）對 S&P100 美式（OEX）期權進行了實證檢驗，為了獲取標的資產未來分佈的更多信息，他們在 Alcock 和 Carmichael（2008）基礎上增加另外一個約束：使得前一日看漲期權（實為

---

① 與前文中的「最大交叉熵」一致，只是將交叉熵中的對數函數部分 $log[p(x)/q(x)]$ 換為 $[q(x)/p(x)]$，從而「最大交叉熵」變為了「最小交叉熵」。

歐式，因為沒有考慮紅利）能夠被正確定價。Liu 和 Yu（2013）分別使用股票期權 IBM 看跌期權和指數期權 OEX 看跌期權對 CLM 這一方法進行了實證檢驗，並同有限差分方法進行了比較，在 12 個分類（由距到期日時間長度與 moneyness 分成 12 類）中，通過比較幾個定價誤差統計指標，基本上是 Liu（2010）的 CLM 方法更優。Liu 和 Guo（2014）在 CLM 基礎上，增加了市場隱含波動率（implied variance）約束，實證結果表明能夠精確考慮波動率微笑影響。Yu 和 Liu（2014）改進了 CLM 中的算法，定價結果亦有所改進。

儘管以上的熵定價方法具有理論上的優勢，實證檢驗結果也很樂觀，但仍然存在幾個問題有待考慮解決。其中最主要的一個問題是，均沒有利用從期權提取更多有關標的資產收益分佈的有用信息。期權價格蘊含標的資產收益矩的有用信息，而這些矩可以刻畫資產收益的分佈，上述方法沒有考慮將富含信息的矩作為約束嵌入熵定價框架，因此從統計學角度，我們依然有理由選擇不同於僅由單一軛約束所得到的風險中性概率分佈之外的分佈。事實上許多的研究表明，期權蘊含標的資產價格（收益）分佈的豐富信息，而這些信息不能夠從標的資產本身的價格時間序列中發現（Chiras & Manaster, 1978; Day & Lewis, 1992）。Yu 和 Yang（2014）在熵的定價框架中，提出基於標的資產收益矩約束的美式期權熵定價，並在模擬環境下進行了方法的檢驗與比較。同以上基準方法相比，結果得到顯著提高。Yu 和 Xie（2015）則在 Yu 和 Yang（2014）與 Yu 和 Liu（2014）的基礎上，結合后兩者提出了改進的最小二乘蒙特卡羅熵定價，並進行了 OEX 期權的實證研究。

### 三、關於「最小二乘蒙特卡羅方法」的文獻回顧

Longstaff 和 Schwartz（2001）提出了最小二乘蒙特卡羅美式期權定價方法，在本書中也將使用其為美式期權確定最優執行時間。為此，本節對最小二乘蒙特卡羅方法僅做簡略介紹。

美式期權的定價與最優執行策略一直都是金融衍生品領域中最具挑戰性的問題之一，特別是當影響期權價格的因素不止一個時（對於多標的資產的衍生品，傳統的有限差分方法與二叉樹方法均難以實現）。儘管許多文獻[1]（比如 Broadie 的一系列文章）致力於解決美式期權的定價問題，但在數值實現、

---

[1] 可參見 Bossaerts（1989），Tilley（1993），Barraquand 和 Martineau（1995），Broadie 和 Glasserman（1997a，b，c），Broadie, Glasserman 和 Jain（1997），Raymar 和 Zwecher（1997），Broadie et al.（1998），Carr（1998），Carriere（1996），以及 Tsitsiklis 和 Van Roy（1999）。

精確度以及計算耗時上均存在一些問題。Longstaff 和 Schwartz（2001）提出最小二乘蒙特卡羅方法則很有效地解決這些問題，並適用於多標的資產以及路徑依賴期權。該方法的關鍵之處在於估計一個條件期望函數（為一個迴歸函數，用以計算期權的連續持有價值），並且只需要對期權處於實值狀態時進行迴歸，這樣就大大減少了計算負擔。

Longstaff 和 Schwartz（2001）的方法主要由三個部分組成：計算繼續持有價值，比較持有價值與立即執行價值，對所有路徑的收益（payoff）求解平均值。其貢獻在於第一步，用迴歸函數逼近期權的持有價值，該迴歸函數是標的資產價格的函數；而且該方法的主要運算也在於此部分。如此一來，這種最小二乘蒙特卡羅定價方法就極易實現。

Yu 和 Liu（2014）對最小二乘蒙特卡羅方法的收斂性進行了分析，並提出了改進的最小二乘蒙特卡羅方法，確定了如何選擇基函數與路徑數量以便達到最優收斂速度與精確度。並說明了在不同的可執行點上進行迴歸時，應該使用不同的模擬路徑（細節參見 Yu & Liu, 2014）。

本節回顧了所涉及的三個主要部分內容的文獻，期權價格信息和風險中性矩、熵定價方法以及最小二乘蒙特卡羅方法。其主要原因與意義在於：期權價格蘊含許多的信息，其中風險中性矩就可以使用期權市場價格所估計；而這些矩又能夠反應標的資產價格的未來分佈，因此將其作為約束條件嵌入到熵的定價框架，以得到一個合適的定價測度；最后由最小二乘蒙特卡羅方法來確定美式期權的最優執行策略。

## 第二節　篇章結構

本研究提出基於風險中性矩約束的熵的期權定價方法，立足實際市場而無需依賴對市場和投資者的假設，和對標的價格過程預設模型。此方法可為歐式、美式以及路徑依賴期權進行定價。這些標的資產收益的風險中性矩可以通過富含信息的期權市場價格數據獲得，因而能夠捕捉到許多有效信息，如波動率微笑、峰度和偏度。為此我們首先建立了風險中性矩與期權價格的關係表達式，以期通過風險中性矩獲取期權數據中所蘊含的、能準確反應標的資產收益分佈的信息；並借鑑信息熵原理，使用富含信息的風險中性矩，構建無模型依賴的定價方法，在無論市場是否完備的情況下都得到唯一理性鞅定價測度；最后利用這一鞅定價測度和最小二乘蒙特卡羅方法為期權定價；同時應用現代數

值方法處理所涉及的計算過程，提高計算的精確度。

第二章對相關研究文獻進行了詳盡的回顧與現狀分析，包括期權價格信息含量與標的收益風險中性矩、基於熵的定價方法、最小二乘蒙特卡羅方法，這些研究內容與書中的主題緊密相關。在此章最後一節給出了本書的內容結構與安排。

第三章簡要介紹了包括期權在內的金融衍生品定價的知識背景。包括基本概念、定價基礎模型方法、資產定價基本定理，以及所需要的數學知識，比如隨機數學內容、特徵函數、信息熵等。

第四章主要給出幾個基準（benchmark）定價公式和方法，Blach-Scholes 方程、Black-Scholes 公式和 Crank-Nicolson 有限差分方法，以及最小二乘蒙特卡羅方法，還有 AC08（Alcock & Carmichael，2008）方法、AA10（Alcock & Auerswald，2010）、CLM 方法（Liu，2010）、VCLM（Liu & Guo，2014）。對其原理做了必要的介紹，並就這些方法的定價實現過程與注意點給出詳細的闡述。這些基準方法分別用於對歐式和美式期權的定價，並將會用來同本書研究提出的定價方法（RME）進行比較。

第五章研究如何從期權的市場價格中提取所蘊含的有效信息。先提出標的資產對數收益的風險中性矩概念，利用隨機變量特徵函數的性質，證明了任意時間長度對數收益（比如日收益）的風險中性矩與期權價格的關係，建立起從歐式、美式期權提取這些風險中性矩的數學表達式。因市場上期權執行價格的不連續性，本章提出了期權價格的一種擬合方法——Black-Scholes 映射法；同時，對於表達式中的積分計算，採用梯形積分法（trapezoidal rule）。本章所提取的風險中性矩對於準確刻畫標的資產收益分佈至關重要，將作為約束條件嵌入我們的定價框架。

第六章提出基於風險中性矩約束的最大熵方法（RME），用以求解風險中性概率分佈。首先解釋了信息熵的含義，從數學理論給予了熵表達式的證明，進一步說明了最大熵模型的合理性；接著提出能夠得到風險中性定價測度的基於（已提取）風險中性收益矩的 RME 模型，討論了最大熵密度（作為風險中性測度）的存在唯一性以及數值解法的穩定和速度；最後得到風險中性測度的表達式。

基於以上章節的內容，第七章給出了使用帶矩約束的最小二乘蒙特卡羅方法（RME）為歐式、美式期權定價的完整過程與具體步驟，該章先是在理論上證明了只要標的資產價格服從幾何布朗運動（GBM），所使用的 RME 方法得到的風險中性測度恰好就是 Black-Scholes 定價的風險中性測度；接著給出

了 RME 方法為歐式和美式期權定價的具體模型與具體過程。

第八章對提出的 RME 方法的定價效果，進行了兩個模擬市場下的測試。研究 RME 方法對無紅利支付情形下的美式看漲、看跌期權的定價效果，並進行對定價結果的分析；還同其他的基準方法 Black-Scholes 期權定價（美式看漲）、Crank-Nicolson FD（美式看跌）方法、AC08 方法、AA10、CLM 和 VCLM 方法進行了比較。

第九章是有關股票期權的實證檢驗，使用 RME 定價方法對 2008 年 7 月至 2009 年 1 月（包含 2008 年金融危機時期）的 IBM 期權進行定價。並進行了定價結果的分析，並將實證結果同相關的定價方法進行了比較。

第十章是基於 OEX 股指期權的實證研究。該實證定價研究中有關「確定最優執行策略」部分，採用改進的方法：將此問題轉化為最優停時問題，並使用改進的最小二乘算法，使得得到的價格在收斂速度與精度上有一定的改良。

第十一章對本書的研究工作進行了總結，並給出了目前正在進行的相關研究工作與將來可繼續深入的工作。

參考文獻給出了本書研究內容所參考的資料文獻。

附錄給出了本書中一些引理與定理證明（圖與表插在正文中）。另外，讀者若需要，研究中使用的程序代碼筆者也可提供。

# 第三章 預備知識

## 第一節 金融衍生品定價基本概念與定理

如今金融市場中存在諸多可交易的金融衍生產品（金融衍生證券或金融衍生工具），並呈現越來越多、越複雜的趨勢，金融機構通常設計各類衍生品，比如期權與遠期合約的複合產品，以對沖各種風險。在眾多衍生品中，期權就是一種基本的、也最為廣泛使用的衍生產品。由於期權賦予持有者的是在將來某一給定時間的執行權利而非義務，這使得期權極具吸引力。

自從 1973 年首次期權（在 CBOT）交易以來，期權的交易在金融市場迅猛發展，直至今天每一個交易日都有大量的期權在進行交易。期權等衍生產品的定價成為金融工程的一個極其重要的研究內容。

本章首先給出包括期權在內的一些金融概念，並介紹期權定價最初的思想來源、描述熵與熵定價以及一些數學相關預備知識。

應注意，本章為預備知識介紹，其中的基本概念、性質、定理與結論，均是引用已有的結果；在引用時，均給出了出處說明。

### 一、期權及其他基本概念

本節除了「其他重要相關概念」部分之外的概念，均來自於 John Hull（第七版，2009）。

衍生證券是一份合約，該合約的到期價格是確定的，並且由其標的資產所決定。「衍生品是有關互換現金流量和旨在為交易者轉移風險的雙邊合約。合約到期時，交易者所欠對方的金額由基礎商品、證券或指數的價格決定。」（國際互換和衍生協會給出的定義）。比較常見的衍生證券包括遠期合約（forward)、期貨（future）、期權（option）、互換（swap），本著作主要集中研究期權。

期權是指其持有人擁有在未來一段時間內或未來某一特定日期 $T$，以一定的價格 $K$ 向對方購買或出售一定數量特定的標的證券（標的資產，基礎資產，underlying asset）。其中的特定日期 $T$ 稱為期權的到期日（maturity），價格 $K$ 稱為執行價格（strike price）。

期權有兩種基本類型：看漲期權（call option）和看跌期權（put option）。看漲期權賦予期權持有者在未來某一時間，以某一確定的價格購買標的資產的權利；看跌期權持有者則擁有出售標的資產的權利。應該注意的是，兩者均沒有購買或出售標的資產的義務。

按照期權的執行方式，期權又可分為多種類型，其中最常見的是歐式（European-style）期權和美式（American-style）期權。歐式期權只能在到期日才可以被執行，而美式期權在發行日至到期日的任何時間均可被執行。最早發展起來的是歐式期權，而當今市場較為流行的是美式期權，這主要因為美式期權可以在到期日任何時間都可以被執行，這一靈活的特性是歐式期權所不具備的，因此美式期權的價格往往高於同條件下的歐式期權。

1. 期權到期收益（payoff）

期權的到期收益即到期價值。按照上面的定義，看漲與看跌期權到期收益可分別記為以下。

看漲期權：$C(T) = [S(T)-K]^+ \equiv \begin{cases} S(T)-K & S(T)>K \\ 0 & 其他 \end{cases}$

看跌期權：$P(T) = [K-S(T)]^+ \equiv \begin{cases} K-S(T) & S(T)<K \\ 0 & 其他 \end{cases}$

其中 $S(T)$ 表示標的資產的到期價格。

2. 內在價值（intrinsic value）

期權在時刻 $t$ 的內在價值指 $t$ 時刻立即執行時的收益，可表示為：

看漲期權：$IV_c(t) = S(t) - K$
看跌期權：$IV_p(t) = K - S(t)$

其中 $S(t)$ 表示標的資產的在時刻 $t$ 的價格，時刻 $t$ 小於或等於到期日 $T$[①]。

3. 提前執行升水（early exercise premium）

歐式期權只能在到期日才被允許執行，而美式期權則賦予其持有者在到期

---

[①] 文中只考慮到期日 $T$ 為有限的。特別地如果到期日是無限數，對應的期權稱為永續期權（perpetual option）。

日前執行期權的可能性，這一性質使得美式期權比歐式期權更具價值。有時美式期權價值看成兩部分：歐式期權的價值部分和提前執行部分的價值，由提前執行所帶來的部分價值稱為美式期權的提前執行升水。

有一類「中間」期權——百慕大（Bermudan）期權①，就是介於歐式與美式期權性質「之間」的期權。

4. 其他重要相關概念

本部分的以下概念來自 S. E. Shreve（2004）與史樹中（2006）。

期權定價旨在尋找期權的當前價值，通常都是由期權到期或執行時刻的價值出發。為了討論如何找到期權當前的價值，我們考慮一個無摩擦②（frictionless）的市場，該市場由兩種可交易資產組成：一個無風險資產（或債券）$B(t)$ 和一個風險資產 $S(t)$，兩種資產均定義在完備的概率空間 $(\Omega, F, P)$③。交易時間為 $[0, T]$ 上等間距的 $N+1$ 個離散點：$t_n = n\tau$，$\tau > 0 (n = 0, 1, \cdots, N)$。分別記無風險資產與風險資產在交易時刻的價格為：$B_n \equiv B(t_n)$，$S_n \equiv S(t_n)$。同時標準化當前時刻的債券價值 $B_0 = 1$，可假定 $B_n$ 和 $S_n$ 均為 $F = (F_n)$-適應的（$F$-adapted），$F = (F_n)$ 為市場信息流（information filtration）。

記資產 $S(t)$ 的貼現價格（discounted price）為 $\tilde{S}_n = \dfrac{S_n}{B_n}$，價格變化為 $\Delta \tilde{S}_n = \tilde{S}_n - \tilde{S}_{n-1} (n = 1, \cdots, N)$。

（1）交易策略（trading strategy）$\varphi = (\alpha_n, \beta_n)_{n=1, \cdots, N}$

$\alpha_n$ 和 $\beta_n$ 分別代表在區間 $[t_{n-1}, t_n)$ 所持有資產 $B_n$ 和 $S_n$ 的份額數量；$\alpha_n$ 和 $\beta_n$ 是 $F$-可料的（$F$-predictable）。則稱二元組 $\varphi_n = (\alpha_n, \beta_n)$ 為此時間區間上的資產組合；隨機過程 $\varphi = (\varphi_n)_{n=1, 2, \cdots N}$ 為該市場上的交易策略。

（2）自融資（self-financing）

對於交易策略 $\varphi$，$t_n$ 時刻的組合價值為：

$$V_n(\varphi) = \alpha_n B_n + \beta_n S_n$$

組合的貼現價值為：

$$\tilde{V}_n(\varphi) = \alpha_n + \beta_n \tilde{S}_n$$

交易策略 $\varphi$ 被稱為是自融資的，如果對所有的 $n = 0, 1, \cdots, N$，有：

---

① 百慕大期權允許持有人在期權有效期內的某幾個特定日期執行期權。

② 無摩擦意味著無交易費用和稅收、所有資產可完全割（perfectly divisible）、資產無分紅、允許賣空機制。

③ 意味著如果一個 sigma 代數中的集合是零測集的話，則對於該集合的任意一個子集，都要求在 sigma 代數中。

$$\alpha_n B_n + \beta_n S_n = \alpha_{n+1} B_n + \beta_{n+1} S_n$$

這意味著組合交易中不允許有現金流的流入或流出。

顯然，交易策略 $\varphi$ 是自融資的，當且僅當對所有的 $n = 1, \cdots, N$ 有：

$$\tilde{V}_n(\varphi) = V_0(\varphi) + \sum_{k=1}^{n} \beta_k \Delta \tilde{S}_k$$

其中 $V_0(\varphi)$ 是初始（$t_0$ 時刻）投資；$\sum_{k=1}^{n} \beta_k \Delta \tilde{S}_k$ 表示直到 $t_n$ 時刻的交易累積利得（accumulated gain）。

(3) 未定權益（contingent claim）$O(t)$

它是一個依賴於風險資產 $S(t)$ 的金融產品。數學意義上表示為一個非負隨機變量，並且滿足：$O$ 是 $F_T$-可測的（$F_T$-measurable）；其期望 $E[O] < \infty$。

如果 $O$ 的到期價值與自融資策略 $\varphi$ 的終值一致，即 $V_N(\varphi) = O_N$，或等價地 $\dfrac{O_N}{B_N} = V_0(\varphi) + \sum_{k=1}^{n} \beta_k \Delta \tilde{S}_k$，則稱 $O$ 是可得的（attainable），策略 $\varphi$ 是一個複製策略（replicating strategy）。

如果任何未定權益都是可得的，一個金融市場就是完備的（complete）；否則稱作不完備（incomplete）。

(4) 無套利（no-arbitrage）原則

對包括期權在內的未定權益進行定價時，常常使用無套利原則。無套利原則闡述的是，交易的風險資產不能產生套利機會①，即通過風險資產的交易不能帶來任何無風險收益。

對於可得的未定權益，在無套利條件下，其價格唯一且為 $O_0 = V_0(\varphi)$，$\varphi$ 是一個複製策略。這個唯一的價格稱為無套利價格。任何其他的價格 $O$ 將導致套利機會的產生。

(5) 等價鞅測度（martingale measure）

無套利條件的假設與等價鞅測度②（equivalent martingale measure）$Q$ 的存在性緊密相關。對於空間 $(\Omega, F)$ 上的概率測度 $P$，如果同一空間上的測度 $Q$ 是 $P$ 的等價測度，並且在此測度 $Q$ 下資產的貼現價格是一個鞅，即 $E^Q[\tilde{S}_n \mid F_{n-1}] = \tilde{S}_{n-1}$，$n = 1, \cdots, N$，這樣的測度 $Q$ 稱為資產價格過程 $S$ 的等價鞅測度。

---

① 套利機會可以初步理解為這樣的一個自融資策略 $\phi$：$V_0(\phi) = 0$，$P(V_N(\phi) \geq 0) = 1$，$P(V_N(\phi) > 0) > 0$。其定義見下一節。

② $(\Omega, F)$ 上的兩個概率測度 $P_1$ 與 $P_2$ 等價，如果對所有的 $A \in F$，若 $P_1(A) = 0$ 當且僅當 $P_2(A) = 0$。

Dalang，Morton 和 Willinger（1990）證明了市場的無套利假設意味著關於資產 $S$ 的等價鞅測度的存在。更早時候，Taqqu 和 Willinger（1987）也說明了如果存在等價鞅測度，則市場的完備性等價於關於 $S$ 的鞅測度是唯一的。

（6）風險中性測度（risk-neutral measure）

如果 $Q$ 與 $P$ 是等價的，稱概率測度 $Q$ 是風險中性的；且在 $Q$ 下資產的貼現價格 $S_n$ 是鞅過程。

因此，風險中性測度也是一個等價鞅測度。著名的 Girsanov 定理①中定義的新的概率測度就是風險中性測度。關於風險中性測度與市場的無套利和完備性的關係，除 Taqqu 和 Willinger（1987）以及 Dalang，Morton 和 Willinger（1990）之外，Harrison 和 Pliska（1981），Delbaen 和 Schachermayer（1994），Frittelli 和 Lakner（1994）均有相關的描述與結論。

由此，對於無套利的完備市場，未定權益價值可以表示為：

$$O_0 = E^Q[O_N/B_N]$$

或更一般地，對任意的 $k > n$，

$$O_n = B_n E^Q[O_k/B_k \mid F_n]$$

如果市場是不完備的，則不具有唯一的鞅測度，其定價就沒有如此直接。但仍然可以給一個價格區間：

$$[\inf_Q E^Q[O_N/B_N], \sup_Q E^Q[O_N/B_N]]$$

其中的 $Q$ 是跑遍所有可能的等價鞅測度。很自然地，選擇一個符合某種經濟意義的「恰當的」鞅測度為不完備市場中的未定權益定價，是一種定價思路，當選定某個鞅測度后，接下來的定價過程就與完備市場一致。這種恰當的鞅測度的確定方法，有很多種，通常包括：均值-方差對沖（最優方差，Schweizer，1996），效用最大化（Davis，1997），局部風險最小（Föllmer & Schweizer，1991），熵方法（Stutzer，1996；Buchen & Kelly，1996），概率最小平方和（Rubinstein，1994），改進的概率最小平方和（Jackwerth & Rubinstein，1996），Esscher 變換（Gerber & Shiu，1994），擴展的 Girsanov 原則（Elliott & Madan，1998）。

本小節簡要地給出了衍生產品及其定價需要用到的一些重要的基本概念，這些內容將貫穿整個書本篇幅。必要時，后面的章節還會有相應的詳細介紹或解釋。

---

① 后文中將介紹此定理。

## 二、套利機會

市場中有 $K+1$ 種證券，價格過程為 $S(t) = [B, S_1(t), \cdots, S_K(t)]$，$B$ 是無風險證券，其折現價格過程為 $\tilde{S}(t) = [1, \tilde{S}_1(t), \cdots, \tilde{S}_K(t)]$。這些隨機變量定義在概率空間 $(\Omega, F, P)$ 上，且價格過程是 $F$-適應的。

交易策略過程 $\varphi = (\varphi_n)$ 是一個可預料過程（即下一刻的策略由其上一時刻做出）。

投資組合價值（離散情況）為 $V_n(\varphi) \equiv \varphi_n \cdot S_n = \varphi_1(t_n)B(t_n) + \sum_{k=2}^{K+1} \varphi_k(t_n)S_k(t_n)$，則對應的折現價值是 $\tilde{V}_n(\varphi) \equiv \varphi_n \cdot \tilde{S}_n = \varphi_1(t_n) + \sum_{k=2}^{K+1} \varphi_k(t_n)\tilde{S}_k(t_n)$。由於價格過程是適應過程，所以組合價值過程也是適應的，即 $V_n(\varphi)$ 和 $\tilde{V}_n(\varphi)$ 都是 $F_n$-可測的。

我們對未定權益定價建立在無套利基礎之上，下面給出無套利的定義（許多的文獻或書籍都有給出，這裡採用史樹中，2006）。

**定義 3.1**［第一套利機會，引自史樹中（2006）］ 如果存在一個自融資策略 $\varphi$ 使得期初組合價值 $V_0(\varphi) \leq 0$，而期末價值 $V_N(\varphi) > 0$，那麼稱市場存在第一套利機會。

**定義 3.2**［第二套利機會，引自史樹中（2006）］ 如果存在一個自融資策略 $\varphi$ 使得期初組合價值 $V_0(\varphi) < 0$，而期末價值 $V_N(\varphi) = 0$，那麼稱市場存在第二套利機會。

如果市場不存在第二套利機會，就說市場滿足一價定律；如果不存在第一套利機會且不存在第二套利機會，就說市場不存在套利機會；由於不存在第一套利機會必然不存在第二套利機會，所以有時就把第一套利機會叫作套利機會。

## 三、資產定價基本定理

在對未定權益定價時，要找的是無套利價格，用數理金融術語表達就是尋找一個在鞅定價測度下（風險中性定價測度）的價值。以下是資產定價的兩個基本定理，其建立起無套利機會與等價鞅測度間的關係（見 Harrison & Kreps, 1979; Harrison & Pliska, 1981; Delbaen & Schachermayer, 1994）。

**定理 3.1**［資產定價第一基本定理，引自 Harrison 和 Kreps（1979）］ 鞅定價測度 $P$ 滿足：① $E^P[\tilde{S}(t)] < \infty$，② $E^P[\tilde{S}(T)|\tilde{S}(t)] = \tilde{S}(t)$，如果這樣的等價鞅測度（風險中性定價測度）存在，則市場不存在套利機會；並且，在此測度下，一個未定權益的貼現價格過程是一個鞅。

另一個定理是有關複製策略存在的唯一性。

**定理 3.2**［資產定價第二基本定理，引自 Harrison 和 Kreps（1979）］ 上面的鞅測度 $P$ 唯一存在，當且僅當市場是完全的，即基於資產 $S(t)$ 的每一個未定權益是可唯一複製。

應該注意到，要找到唯一的風險中性定價測度 $P$ 幾乎是不可能的，畢竟現實市場是非完全的，這也就是為什麼上文中提到「選擇一個符合某種經濟意義的『恰當的』鞅測度……」。但事實上我們通常假設這樣的測度 $P$ 已經由市場參與者決定了，反應在交易的衍生證券市場價格中。於是尋找測度 $P$ 的問題就簡化為「某模型隱含（model-implied）價格過程在測度 $P$ 下滿足鞅條件，進而使用某理論方法估計出 $P$」的問題。如此估計出來的測度 $P$，有時也叫作 empirical 測度，或定價鞅測度。市場參與者或風險管理機構常採用這類方法為產品定價或構造複製策略來對沖投資組合風險。

## 第二節　Bachelier 理論和 Brownian 運動

期權定價研究可以追溯至 1900 年法國數學家 Louis Bachelier[①]（1870—1946）的博士論文 Théorie de la Spéculation（投機理論，Bachelier，1900）。在其論文中，他首次提出了資產價格遵循一種運動規律——布朗運動（Brownian motion），並在此假設下找出了期權的價值。

### 一、Bachelier 理論

Bachelier 的論文提出了金融市場的概率模型，並由此演化出兩個科學的理論：布朗運動和金融數學。Bachelier 論文中研究的布朗運動比 Einstein（愛因

---

[①] Louis Bachelier 是法國偉大數學家 Poincaré（龐加萊，1854—1912）的博士研究生。Bachelier 被譽為數理金融學的開拓者、現代期權定價之父。

斯坦，1879—1955，1905)① 那篇關於布朗運動的著名論文還早 5 年；而且 Bachelier 論文中的概率分佈函數遵循的恰好是為人所熟知的維納過程（Wiener process，用以刻畫布朗運動的隨機過程）；其中積分方程（即現在的 Chapman-Kolmogorov 方程）證明了其論文中的分佈，並銜接起 Fourier 熱方程。然而由於時代的局限性，Bachelier 的工作最初並沒有得到學術界的認可，其價值被遠遠低估了。

Einstein（1905）並沒有重視 Bachelier 的工作，儘管前者也在研究布朗運動，但是多年以後 Kolmogorov（1903—1987）意識到 Bachelier 的成績並將其研究工作引入到 Paul Lévy（1886—1971）的研究成果。Bachelier（1900）研究布朗運動比 Einstein（1905）更加數學化，後者研究的是物理粒子的運動。正是在這篇論文中，Bachelier 推導出在一個區間上布朗運動的最大分佈，並由此建立起相關模型用以研究障礙期權（barrier option）。

雖然 Bachelier 的模型存在不足②，但直至 1965 年才真正在此領域有所改進，即 Samuelson（1965）提出資產價格過程服從幾何布朗運動（Geometric Brownian Motion，對數正態分佈）：

$$dS_t = \mu S_t dt + \sigma S_t dW_t \qquad (3.1)$$

其中 $S_t$ 是資產價格，$\mu$ 是資產期望收益率（漂移率，drift），$\sigma$ 為資產價格波動率（volatility），$W_t$ 是標準布朗運動。正是這個改進形成了 Black-Scholes 期權定價模型基礎。

值得一提的是，為了紀念 Bachelier 的這一偉大貢獻，2000 年以其命名的委員會（Bachelier Congress）在巴黎正式成立（Geman et al. 2000）。

## 二、Brownian 運動

在 Bachelier（1900）關於金融隨機模型的工作 5 年之后，Einstein 發表了兩篇關於布朗運動的著名論文，用來研究、解釋蘇格蘭植物學家 Brown（1773—1858）觀察到的花粉微粒現象，這成為統計物理與量子力學的基礎。Einstein 在其論文中就有關擴散方程的推導，並由此推斷出懸浮粒子位移的均方根與位移時間成正比；布朗粒子的軌跡是無記憶、不可微的；能準確估計擴

---

① 1905 年 5 月 11 日在 Ann. Phys., 17, 第 549 頁上發表的德文論文《熱的分子運動論所要求的靜液體中懸浮粒子的運動》。

② 在其模型中，資產或期權價格可能產生負值。因此后來不再用以對資產價格進行建模，但有時仍然用於兩種資產間價差（spread）的模型建立。

散常數。

用現代術語描述，Einstein 認為布朗運動是一個連續的、具有獨立穩定的高斯增量、不可微的隨機過程。但限於當時的 Borel 和 Lebesgue 測度理論體系尚未形成，Einstein 未能用數學證明這一過程性質。直至 20 世紀 20 年代初期，Wiener 借助了測度理論和 Fourier 級數來構造 Brownian 運動（Wiener，1921，1923），並且證明了 Brownian 運動路徑的許多重要性質。Brownian 運動研究的發展直接導致隨機微積分的誕生，與隨機積分相關的 Brownian 運動的重要性質是：

在時間區間 $[s, t]$ $(t > s)$ 上，Brownian 運動路徑具有非零、有限的二階變差（quadratic variation），並等於 $(t - s)$；而其一階變差無限大。

為紀念 Wiener 這一貢獻，通常也將 Wiener 構造的這一 Brownian 運動過程稱為 Wiener 過程[①]。

## 第三節　熵

### 一、熵的概念

本小節概念引自於 Shannon（1948）。

「熵（entropy）」的概念最早出現在 19 世紀的熱力學研究中，由 Clausius 提出，用以考察熱分子的微觀結構（熱力學第二定律），表示的是「一個處於平衡態的物理系統在一定溫度環境下，經過一定的可逆過程，從外界所吸收了的熱量」：

$$\Delta S = \frac{\Delta Q}{T}$$

$\Delta S$ 就是 Clausius 熵，$\Delta Q$ 即熱量的增加，$T$ 表示的是系統溫度。按照 Clausius 的思想，任何一個孤立的系統都要朝著熵增的方向發展。

Clausius 的熵定義考察的是一種宏觀的熱力學，19 世紀末物理學家 Boltzmann 給出了熵的微觀解釋，不僅僅可以描述物理系統，還可以解釋更廣義的系統：

$$S(X) = k log(\Omega)$$

---

[①] 關於 Brownian 運動與 Wiener 過程及之間的關係，見下一節。

$S(X)$ 表示系統宏觀狀態 $X$ 所對應的微觀狀態 $\Omega$ 的個數，$k$ 是 Boltzmann 常數（$1.3 \times 10^{-23}$）。Boltzmann 熵就是實現一種系統狀態的可能的微觀狀態數，Boltzmann 考察了他的這個計算方法和其他物理量之間的一些關係和性質，並很快發現 Boltzmann 熵的所有性質和 Clausius 熵的性質相同。而且完全吻合，Boltzmann 也說明了任何孤立系統都朝向最有可能實現的宏觀狀態演化，即最大 Boltzmann 熵值對應的狀態就是最有可能實現的狀態。

1948 年，美國工程師 Shannon 發表了《通信的數學理論》（A mathematical theory of communication），這篇文章標誌著經典信息論——Shannon 信息論的誕生。Shannon 信息的「信息量」就是用熵來表達的，被稱為 Shannon 熵，表示的是某系統的信息喪失或不確定性的一個度量：

$$H(X) = -\sum_i P(x_i) log[P(x_i)]$$

$H(X)$ 表示的就是系統的平均不確定性，有時也用 $H(P)$ 表示（$P$ 為概率分佈）；$P(x_i)$ 表示第 $i$ 個可能狀態發生的概率。或者更數學地，$H(X)$ 表示的是隨機變量 $X$ 的 Shannon 熵，$P(x_i)$ 表示 $X$ 的第 $i$ 個可能狀態 $x_i$ 發生的概率。在理論上可以證明，使得 Shannon 熵最大的一組概率分佈 $\{P(x_i)\}$ 出現的概率最大，也就是說：使得 Shannon 熵最大的事物最有可能接近其真實狀態。這完全和前兩種熵的結論一致。

## 二、自信息

**定義 3.3** 自信息（self-information）與平均信息，引自 Yong, J. F. (1971)[①]。

(1) 自信息 $I(x_i)$ 是用來度量事件（狀態）$x_i$ 發生的不確定性，或該事件發生所需要信息量的大小，用該事件發生的概率的負對數表示：

$$I(x_i) = -log(P(x_i))$$

(2) 作為多個事件（如 $x_1$, $x_2$, $x_3$）的系統，其平均的不確定性（或所需要的平均信息量）：

$$E(I) = -\sum_i P(x_i) log(P(x_i))$$

實際即為 Shannon 熵。

**性質 3.1**　[自信息性質，引自 Yong, J. F. (1971)] 下面給出自信息的四個

---

[①] 在這一小節只給出信息熵的抽象解釋，在第六章第二節將闡述其具體含義並從組合數學角度給予證明與解釋。

基本性質①，為便於理解，同時給出粗糙的解釋。

（1）如果兩事件發生的概率有 $P(x_1) > P(x_2)$，則 $I(x_1) < I(x_2)$。

意味著：越可能發生的事件，其需要的信息量越少（或該事件的不確定性越小）。

$P(x_1) = 1$，則 $I(x_1) = 0$。

意味著：發生概率為1的事件，不需要額外的信息（該事件的不確定性為0）。

$P(x_1) = 0$，則 $I(x_1) = +\infty$。

意味著：對於零概率事件，為了讓其發生所需要的信息量非常大。

（2）兩獨立事件同時發生所需要的信息量，為兩事件分別發生所需信息量之和，即：$I(x_1, x_2) = I(x_1) + I(x_2)$。

## 第四節　數學預備

除了上述基本的預備知識之外，本書還介紹所要用到的其他數學知識，對上節內容提到的某些基本概念，本節將不再贅述。

本節中引用的定義、公式、定理等，均在相應位置加以說明。

### 一、隨機微積分

Wiener 在 1923 的工作（Wiener，1923）可以看作是隨機微積分理論的基礎。有了這些基礎后，接下來重要的一步就是 Kolmogorov 所做的關於 Markov 過程的工作。1931 年，Kolmogorov 簡潔地解釋了 Bachelier 的 Brownian 運動（Kolmogorov，1992），並說明了 Markov 擴散過程取決於兩個主要部分：漂移速度（drift）參數和純隨機（擴散）部分。而且還指出了 Markov 過程的概率分佈與偏微分方程解之間的關聯，這就是著名的 Kolmogorov 方程。

直到 1951 年，日本數學家 Kiyosi Itô（1915—2008）在 Wiener 的論文基礎上，提煉並深化了 Wiener 的思想（Itô，1951），在研究 Markov 過程中建立起真正的隨機微分方程，最后發展成為 Itô 積分。

關於隨機微積分，還有一個重要的數學家——法國的（出生於德國）

---

① 這些性質反過來也決定著自信息的公式。

Wolfgang（或 Vincent）Döeblin（1915—1940），他致力於用 Brownian 運動構造一個連續的隨機過程，這個過程的分佈密度滿足 Kolmogorov 有關 Markov 過程的轉移概率分析理論。Döeblin 的想法是使用 Brownian 運動的時間變換（設計隨機時間鐘來運行 Brownian 運動），這樣能夠很好地處理擴散過程，實際比 Itô 還早兩年完成這個異曲同工。可惜 Döeblin 犧牲在「二戰」戰場。直至60年后的 2000 年，在其兄弟 Claude Döeblin 的要求下，法國科學院終於啓封了這一偉大數學發現的稿件。

對一個金融產品定價需要考慮各種產品（如標的資產）的未來收益，通常都要將資產價格作為一個隨機過程研究。下面介紹兩個重要的隨機數學工具：Brownian 運動和 Itô 積分以及 Itô- Döeblin 公式。

**定義 3.4**［Brownian 運動，引自 Salih N. Neftci（2007）］$(\Omega, F, P)$ 為一概率空間，對每個 $\omega \in \Omega$，如果存在一個依賴於 $\omega$ 的隨機函數 $W(t)$（簡記為 $W_t$, $t \geq 0$）滿足：

i) $W_0 = 0$

ii) $W_t$ 關於時間 $t$ 連續

iii) $W_t$ 具有穩定、獨立增量

iv) 增量 $W_t - W_s$ 服從標準正態分佈：$(W_t - W_s) \sim N(0, |t-s|)$

則稱 $W(t)$ 是一個（標準）Brownian 運動。其中 $\omega$ 看成是 Brownian 運動的一個路徑。

需要指出一點，Lévy 定理表明標準 Brownian 運動與標準 Wiener 過程是一致的（Wiener 過程假設是一個鞅，Brownian 運動過程假設一個分佈）。

**定義 3.5**［Itô 積分，引自 Salih N. Neftci（2007）］ 隨機過程 $\Delta(t)$ 適應於域流 $F_t(0 \leq t \leq T)$，且是平方可積的 $E\left[\int_0^T \Delta^2(t)dt\right] < \infty$。現在對區間 $[0, T]$ 進行一個劃分 $\Pi = \{t_0 = 0, t_1, t_2, \cdots, t_n = T\}$，那麼 Itô 積分 $\int_0^T \Delta^2(t)dW_t$ 定義為以下的均方極限：$\sum_{k=1}^n \Delta_{t_{k-1}} \cdot (W_{t_k} - W_{t_{k-1}})$，即：

$$\lim_{n \to \infty} E\left[\sum_{k=1}^n \Delta_{t_{k-1}} \cdot (W_{t_k} - W_{t_{k-1}}) - \int_0^T \Delta^2(t)dW_t\right]^2 = 0 \qquad (3.2)$$

其中 $W_t$ 為標準 Wiener 過程。

有了以上定義，就可以給出需要用到的關於 Brownian 運動的 Itô- Döeblin

公式①。

**定理 3.3**〔Brownian 運動的 Itô–Döeblin 公式，引自 Salih N. Neftci（2007）〕

函數 $f(t, x)$ 具有關於時間 $t$ 與 $x$ 的一階偏導，以及關於 $x$ 的二階偏導；且三個偏導連續；$W_t$ 為 Brownian 運動。則對任何 $t \geq 0$ 有：

$$f(t, W_t) = f(t, W_0) + \int_0^t f_t(s, W_s)ds + \int_0^t f_x(s, W_s)dW_s$$
$$+ \frac{1}{2}\int_0^t f_{xx}(s, W_s)ds \tag{3.3}$$

## 二、特徵函數

特徵函數對概率論中的實值變量起重要作用，在推導風險中矩時性我們將要用到。

**定義 3.6**〔特徵函數，引自魏宗舒（2004）〕 $(\Omega, F_t, P)$ 為一概率空間，其上的實值隨機變量 $S$ 的特徵函數為：

$$\Phi_S(x) = E^P[exp(ixS)] = \int_{D(s)} exp(ixs)dP(s) \tag{3.4}$$

$i$ 是單位虛數（$i^2 = -1$），$D(s)$ 為變量 $S$ 的取值範圍。

特徵函數可以刻劃一個隨機變量的分佈，兩個變量如果特徵函數一致，則它們的分佈也是一致的。在數學上，隨機變量 $S$ 的特徵函數 $\Phi_S(x)$ 實際上就是變量 $S$ 的概率密度函數 $p(s)$ 的 Fourier 變換，並且該 Fourier 變換的逆變換可以用來求解密度函數 $p(s)$ 或 $P(s)$。

$$p(s) = \frac{1}{2\pi}\int_{-\infty}^{\infty} exp(-ixs)\Phi_S(x)dx$$

$$P(s) = \frac{1}{2} - \frac{1}{\pi}\int_0^{\infty} Re\left[\frac{exp(-ixs)\Phi_S(x)}{ix}\right]dx$$

同時，隨機變量的 $j(j \geq 1)$ 階統計矩與其特徵函數還有如下關係：

$$E(S^j) = (1/i^j)(d^j[\Phi_S(x)]/dx^j)|_{x=0}$$

正如上面所述，特徵函數在數理金融學中是一個很重要的工具，因為通常來講找到概率密度函數的解析解都很困難，但特徵函數卻相對容易找到（因為特徵函數的指數函數具有很好的光滑性，其對應的 PDE 比較容易求解，如著名的 Heston 隨機波動率模型，1993）。在本書中，我們要用到特徵函數求解

---

① Itô 過程以及相應的關於 Itô 過程的 Itô–Döeblin 公式，在此省略。

風險中性矩。

## 三、等價鞅測度，風險中性定價測度和熵定價測度

**定義 3.7**（等價鞅測度） 見本章第一節。

**定義 3.8**（風險中性測度） 見本章第一節。

最大（交叉/相對）熵原理為估計隨機變量（如對數收益）的未知分佈提供了一種方法。所估計的分佈稱為最大熵分佈或熵定價測度。在定義熵定價測度之前，需要對信息熵進一步理解，為此給出以下與熵定價測度相關的一些概念和解釋。

**定義 3.9** [Kullback – Leibler 距離（KL – divergence），引自 Longo, G. (1973)] 給定先驗概率分佈 $Q$，那麼從先驗概率分佈過渡至一個后驗概率分佈 $P$ 所需要的信息（信息獲得）可以用一個「距離」來度量：

$$D_{KL}(P \mid Q) = \sum_i P(x_i) log[P(x_i)/Q(x_i)] = \sum_i P(x_i) log[1/Q(x_i)] - E(I)$$

由於 KL-距離並非真正的距離（如不具有對稱性），有時也叫著 KL-偏差。同時在形式上 $\sum_i P(x_i) log[P(x_i)/Q(x_i)]$ 也稱為交叉熵（cross entropy）或相對熵（relative entropy）。

在已有確定的信息（或先驗分佈）下，為了尋找最「接近」真實、最隨機的概率分佈 $P$，使得整個系統的不確定性最大，這導致了上文中提到的熵最大化問題（對於相對熵，則是相對熵的最小化問題）。將這個問題作如下的數學化①處理。

問題：對於隨機變量 $x$，其概率密度分佈 $p(x)$ 未知，已知先驗分佈密度為 $q(x)$，以及已知條件 $\int_{x \in X} p(x) f_m(x) dx = c_m$（即隨機函數 $f_m(x)$ 的各階期望已知），求解 $p(x)$ 的最佳估計。

上面的問題是一個欠定問題，很可能存在無窮多個解。

**定義 3.10** [最大熵原理與最大熵分佈，引自 Longo, G. (1973)] 在現有信息下（即上面問題中的已知期望），根據信息熵原理，該問題可轉化為上文中提到的熵最大化問題：

---

① 在此考慮連續、相對熵的問題，取先驗分佈為均勻分佈則變成熵最大化問題。離散情況可同樣考慮。

$$\begin{cases} H(p(x)) = \max\limits_{p(x)} \left\{ \int_{x \in X} \{-p(x) log[p(x)/q(x)]\} dx \right\} \\ s.t. \begin{cases} E^P[f_j(x)] = c_j \\ E^P[1_{x \in X}] = 1 \end{cases} \end{cases}$$ , $\{f_j(x)\}$ 為定義在 $X$

上的隨機函數序列，一般要求連續且至少二階可微（因解的存在性問題需要）。

這個原則稱為最大（相對）熵原理（principle of maximum/cross entropy），由此得到的概率分佈密度 $p(x)$ 稱作最大熵密度（maximum entropy density）對應的分佈稱為最大熵分佈（maximum entropy distribution）。

**定義 3.11**［熵定價測度，引自 Jaynes（1982）］ 在滿足鞅約束條件下，以上的最大熵概率測度稱為熵定價測度。

Jaynes（1957，1982）認為，在給定一些約束條件下使得熵最大的概率分佈 $p(x)$ 是最無偏的，從信息學角度看是最符合真實的風險中性概率分佈，除此之外再無其他的分佈，因為如果存在一個更「合適」的概率分佈 $p_1(x)$，則這個分佈 $p_1(x)$ 一定是獲得除了已有的約束條件之外的更多信息（或者帶有主觀偏見）。因此，在已有信息基礎上，我們沒有理由選擇 $p_1(x)$。比如可以考慮以下幾個（例子）結論（見 Buchen, P. W. & Kelly, M., 1996）：

（1）有限區間上，沒有任何信息（無約束條件）的最大熵分佈是均勻分佈。

（2）只給定一階矩條件（均值），在區間（0, ∞）上的最大熵分佈是指數分佈。

（3）給定一、二階矩條件，在區間（-∞, ∞）上的最大熵分佈是正態分佈。

（4）給定一、二階對數矩條件，在區間（0, ∞）上的最大熵分佈是對數正態分佈。

這完全符合我們已有的（直觀）知識[1]。

## 四、熵定價測度的唯一性

考慮熵最大化問題：

---

[1] 如第一個例子中，事先由於沒有任何的已知信息，我們沒有理由偏向於其他的分佈，只有均勻分佈才是最「合適」的。

$$（离散情形）\begin{cases} H(p) = \max_{p}\left\{\sum_{i \in I}[-p_i \log(p_i)]\right\} \quad I = \{1, 2, \cdots, n\} \\ s.t. \begin{cases} E^P[f_j] = \sum_{i \in I}(p_i \cdot f_{i,j}) = c_j \quad (j = 1, 2, \cdots, m) \\ E^P[1_{i \in I}] = 1 \end{cases} \end{cases} \quad (3.5)$$

$$（连续情形）\begin{cases} H(p) = \max_{p(x)}\left\{\int_{x \in X}[-p(x)\log(p(x))]dx\right\} \\ s.t. \begin{cases} E^P[f_j(x)] = c_j \quad (j = 1, 2, \cdots, m) \\ E^P[1_{x \in X}] = 1 \end{cases} \end{cases} \quad (3.6)$$

$\{f_j\}$ 为离散随机序列，$\{f_j(x)\}$ 为定义在 $X$ 上二阶可微的随机函数序列。定义 Hessian 矩阵：$H_{i,j} = \text{cov}(f_i, f_j)$（对离散与连续情形均适用）。

如果存在唯一解，正如上文提到的这个解就是最大熵分布（密度）；而且若约束条件包含鞅约束，则最大熵分布就是熵鞅分布，或熵定价测度。对于解的存在与唯一性，许多文献已讨论，综合 Buchen, P. W. 和 Kelly, M.（1996），Mead, L. R. 和 Papanicolar, N.（1984），Wu, X.（2003），Agmon, Alhassid 和 Levine（1979），Rompolis（2010），Frittelli（2000），有以下定理（定理 3.4—3.7）。

**定理 3.4**［引自 Agmon, Alhassid 和 Levine（1979）］ 如果矩阵 $H_{i,j} \equiv \text{cov}(f_i, f_j)$ 正定，则对应的问题（3.5）和（3.6）存在唯一的最大熵（密度）分布函数。

**定理 3.5**（离散）［引自 Agmon, Alhassid 和 Levine（1979）］ 对 $\forall i \in I$，若向量 $(f_{i,j})_{1 \leq j \leq m}$ 线性无关，则 $H_{i,j} = \text{cov}(f_i, f_j)$ 正定。

**定理 3.6**（连续）［引自 Agmon, Alhassid 和 Levine（1979）］ 当 $f_j(x) = x^j$ 且 $m$ 为奇数时，如果对 $\forall 1 \leq i \leq \dfrac{m-1}{2}$，Hankel 矩阵 $Han_{2i} = \begin{bmatrix} c_0 & c_1 & \cdots & c_i \\ c_1 & c_2 & \cdots & c_{i+1} \\ & \cdots & \cdots & \\ c_i & c_{i+1} & \cdots & c_{2i} \end{bmatrix}$ 均为正定的，则问题（3.6）存在唯一的最大熵密度函数。

**定理 3.7**［引自 Mead, L. R. 和 Papanicolaou, N.（1984）］ $p(x)$ 是 $[0,1]$ 上的一个非负可积函数，假设矩为 $\mu_1, \mu_2, \cdots$；$\{p_L(x)\}$，$L = 1, 2, \cdots$ 是对应的最大熵密度函数序列。若 $f(x)$ 在 $[0, 1]$ 上连续，那么：

$$\lim_{L \to \infty} \int_0^1 f(x)p_L(x)dx = \int_0^1 f(x)p(x)dx$$

在金融資產定價中，上述的 $f_j$ 通常都是資產價格的函數，且為市場中可觀察到的數據。另外，儘管定理 3.5 的條件很強，但實際情況下都比較容易滿足，如當 $f_j$ 為期權價值（見 Buchen P. W. & Kelly M., 1996）。於是在一定條件下，熵定價測度可唯一確定，這為不完全市場中的衍生品定價提供了強有力的工具。定理 3.7 顯示，當矩的約束條件越多時，所得到的最大熵密度函數就越逼近真實的概率密度函數。

## 五、Black-Scholes 偏微分方程與邊界條件

作為一個基準（benchmark）定價模型，Black-Scholes 幾何布朗運動（GBM）模型近似地表達了資產價格的運動行為，且通常用於其他定價模型或方法的比較。Black-Scholes 模型有諸多的前提假設（Black & Scholes, 1973）：資產價格 $S_t$ 服從 GBM 即式（3.1）；無風險利率 $r$ 和資產價格波動率 $\sigma$ 均常數；不產生交易費用和稅收；標的資產無分紅；市場不存在套利機會；允許賣空機制。在這些假設下，通過構建無風險資產組合以及利用定理 3.3 可以得到期權價值 $V(S, t)$ 的 Black-Scholes 偏微分方程（PDE）：

$$B\{V(S, t)\} \equiv \frac{\partial V}{\partial t} + rS\frac{\partial V}{\partial S} + \frac{1}{2}\sigma^2 S^2 \frac{\partial^2 V}{\partial S^2} - rV = 0 \qquad (3.7)$$

這是一個二階拋物 PDE，其中 $B\{\cdot\}$ 是 Black-Scholes 線性微分算子，很明顯方程中不再出現漂移項 $\mu$（標的期望收益率）。該方程於 1969 年首次提出，但其推導過程於 1973 年公開發表。

對於歐式期權的價格，可以通過許多方法求解得到上面的 PDE，其中一個方法就是使用等價鞅方法，這需要用到下面的 Girsanov 定理。

**定理 3.8**［一維 Girsanov 定理，引自 S. E. Shever (2004)］ 設 $W(t)$ ($0 \leq t \leq T$) 為概率空間 $(\Omega, F, P)$ 上的標準 Wiener 過程，$\theta(t)$ 是 $F_t$-適應的。定義：

$$Z(t) = \exp\left\{-\int_0^t \Theta(s)dW(s) - \frac{1}{2}\int_0^t \Theta^2(s)ds\right\}$$

$$W^*(t) = W(t) + \int_0^t \theta(s)dW(s)$$

並假設：

$$E\left[\int_0^T \Theta^2(s) Z^2(s)\right] < \infty$$

由 Radon-Nikodym 導數定義 $P$ 的等價概率測度 $P^*$：$\dfrac{dP^*}{dP} = Z(T)$，那麼：

$E^P[Z(T)] = 1$ 且 $W^*(t)$ 是概率空間 $(\Omega, F, P^*)$ 上的一維 Wiener 過程。

根據 Girsanov 定理也可以得到 Black-Scholes 期權定價公式（B-S 公式，可見 John Hull, 2009, 7$^{th}$ edn）。

偏微分方程（3.7）對於歐式期權定價公式，除了使用等價鞅測度方法，另一基本方法就是用物理數學方法求解方程（3.7），這需要用到邊界條件；對於美式期權當然也有（自由）邊界條件，一般採用有限差分（finite difference）求解方法。關於美式期權的 Black-Scholes 方程與自由邊界問題，將放在第四章第三節。

方程（3.7）可轉化為邊界條件問題：

(1) 歐式看漲期權 $c(S, t)$ [①]

$$\begin{cases} B\{c(S, t)\} = 0 & t_0 < t < T, 0 < S < \infty \\ c(S, T) = (S - K)^+ \\ c(0, t) = 0 \end{cases} \quad (3.8)$$

$S$、$K$ 分別為標的資產價格、執行價格；$t_0$、$T$ 分別為期初與到期日；其中 $x^+ = \max(0, x)$。

(2) 歐式看跌期權 $p(S, t)$

$$\begin{cases} B\{p(S, t)\} = 0 & t_0 < t < T, 0 < S < \infty \\ p(S, T) = (K - S)^+ \\ p(\infty, t) = 0 \end{cases} \quad (3.9)$$

問題（1）、（2）可以給出解析解，即 Black-Scholes 歐式期權價格公式。

---

[①] 如果沒有特別說明，我們對歐式看漲、看跌期權價格分別用小寫字母 $c$、$p$ 表示；對於美式的看漲、看跌期權則分別用大寫字母 $C$、$P$ 表示。下文同。

# 第四章 基準定價方法

## 第一節 導言

　　作為一個新的定價方法/模型，通常都要同其他的方法/模型進行理論對比或者就模擬、實證結果比較。那些用來比較的方法或模型習慣上都稱為是基準方法或模型。比如對於歐式期權定價，著名的 Black-Scholes 定價公式常作為基準定價方法；而對於美式（看跌）期權，(Crank-Nicolson) 有限差分方法、Longstaff-Schwartz 最小二乘蒙特卡羅方法也經常被用來作為基準方法。儘管存在許多的期權定價方法，但通常都是選擇相同或相近條件下的方法作為基準定價方法用於對比，這樣才不失「公允性」。

　　本書中提出的期權定價方法，即適用歐式也可用於美式期權，無論是看漲或是看跌期權。在進行同其他方法比較時，我們用到了 Black-Scholes 環境下的模擬檢驗、最小二乘蒙特卡羅算法和熵定價方法，因此所選取的基準定價方法為 Black-Scholes 模型下的期權定價公式、Crank-Nicolson 有限差分方法、Longstaff-Schwartz 最小二乘蒙特卡羅方法，以及 Alcock 和 Carmichael（2008）的方法（AC08）、Alcock 和 Auerswald（2010）的方法（AA10）、Liu（2010）的 CLM 方法，和 Liu 和 Guo（2014）的 VCLM 方法。

　　因此，本章介紹這些基準定價（模型）方法，包括方法的原理與使用過程。

　　本章共分成七節，接下來的第二節給出了 Black-Scholes 模型與期權價格公式；第三節是有關美式期權的邊界條件、偏微分方程（PDE）與線性互補問題；第四節則介紹 Crank-Nicolson 有限差分方法，包括其數值實現方法；第五節是關於 Longstaff-Schwartz 最小二乘蒙特卡羅方法；在第六節描述了最近的有關美式期權的擴展 canonical 方法：AC08、CLM、AA10 和 VCLM 方法，他們的

方法論基本一樣，但仍存在某些差異，包括改進的不同地方，特別是定價所涉及的具體處理過程；最后一節是對本章的小結。

從本章開始，對以上提及的方法或模型均給予簡單的記號：

(1) 幾何布朗運動簡記為：GBM；

(2) Black-Scholes 模型記為：B-S 模型；

(3) Black-Scholes 公式記為：B-S 公式；

(4) 偏微分方程記為：PDE；

(5) 隨機微分方程記為：SDE；

(6) 有限差分方法簡記為：FD；

(7) Crank-Nicolson 有限差分方法簡記為：CNFD；

(8) Longstaff-Schwartz 最小二乘蒙特卡羅方法簡記為：LSM；

(9) Alcock 和 Carmichael (2008) 的方法簡記為：AC08；

(10) Alcock 和 Auerswald (2010) 的方法簡記為：AA10；

(11) Liu (2010) 的 CLM 方法簡記為：CLM；

(12) Liu 和 Guo (2014) 的 VCLM 方法簡記為：VCLM；

(13) 歐式看漲、看跌期權：用 $c$、$p$ 表示；美式看漲、看跌期權：用 $C$、$P$ 表示。

如果沒有特別說明，上述簡記將在整本書中適用。

## 第二節　Black-Scholes 期權定價公式

Black 和 Scholes (1973) 建立了期權定價的核心思想：無風險對沖。他們在 GBM (3.1) 假設基礎上，使用期權、標的資產和無風險債券構造一個無風險組合，進而得到 PDE (3.7)。在這個 BS 模型下，可以通過熱方程或等價鞅測度理論解出 PDE (3.7)，為期權求得唯一的無套利價格。下面將使用等價鞅測度簡略推導 B-S 期權公式，再給出帶紅利的期權公式。

### 一、B-S 公式 (Black-Scholes 公式)

B-S 模型的基本假設：

(1) 資產價格 $S_t$ 服從 GBM；

(2) 無風險利率 $r$ 和資產價格波動率 $\sigma$ 均常數；

（3）不產生交易費用和稅收；

（4）標的資產無分紅；

（5）市場不存在套利機會；

（6）允許賣空機制。

標的資產價格過程服從 GBM（3.1），即：

$$dS_t = \mu S_t dt + \sigma S_t dW_t$$

其中 $S_t$ 是標的資產價格，$\mu$ 是資產期望收益率（漂移率，drift），$\sigma$ 為資產價格波動率（volatility），$\mu$ 和 $\sigma$ 為常數，$W_t$ 是概率測度 $P$ 下的一個標準 Wiener 過程。

記貼現價格為 $\tilde{S}_t = e^{-rt} S_t$，$r$ 為連續常數複利率。使用 Itô 引理（或定理 3.3）可得：

$$d\tilde{S}_t = (\mu - r)\tilde{S}_t dt + \sigma \tilde{S}_t dW_t$$

由於在風險中性測度下，資產貼現價格過程是一個鞅，為此，可通過計算求得唯一的 $\tilde{W}_t$，使得：

$$d\tilde{W}_t = dW_t + (\frac{\mu - r}{\sigma}) dt$$

根據 Girsanov 定理 3.8，$\tilde{W}_t$ 是等價鞅測度 $\tilde{P}$ 下的一個 Wiener 過程。其中 $\tilde{P}$ 是風險中性測度，且：

$$\Theta(s) = \frac{\mu - r}{\sigma}$$

$$\frac{d\tilde{P}}{dP} = exp\{-[(\frac{\mu - r}{\sigma})W_T + \frac{1}{2}(\frac{\mu - r}{\sigma})^2 T]\}$$

因為 $\tilde{W}_t$ 是唯一的，所以風險中性鞅測度和無套利價格是唯一的，於是有：

$$d\tilde{S}_t = \sigma \tilde{S}_t d\tilde{W}_t$$

解上面的 SDE，可得到期的標的資產價格為：

$$S_T = S_0 exp[(r - \frac{1}{2}\sigma^2)T + \sigma\sqrt{T}X]$$

其中 $X$ 服從標準正態分佈：$X \sim N(0, 1)$；$S_0$ 為標的資產期初價格。根據風險中性定價測度，歐式看漲期權的期初價格為：

$$c(S_0, t_0) = e^{-r(T-t_0)} E^{\tilde{P}}[(S_T - K)^+]$$

可解得，

$$c(S_0, t_0) = S_0 N(d_1) - Ke^{-r(T-t_0)} N(d_2) \tag{4.1}$$

同理可得歐式看跌期權期初價格為：

$$p(S_0, t_0) = -S_0 N(-d_1) + Ke^{-r(T-t_0)} N(-d_2) \qquad (4.2)$$

上式（4.1）和（4.2）就是 B-S 期權價格公式，其中的 $K$ 為期權執行價格，且：

$$d_1 = \frac{\ln(S_0/K) + (r + \frac{1}{2}\sigma^2)(T - t_0)}{\sigma\sqrt{T - t_0}},$$

$$d_2 = \frac{\ln(S_0/K) + (r - \frac{1}{2}\sigma^2)(T - t_0)}{\sigma\sqrt{T - t_0}}。$$

## 二、帶紅利 B-S 公式

如果放松 B-S 模型的假設（4），允許有紅利的產生（只討論連續紅利情況），那麼對於支付連續紅利的標的資產的歐式期權，仍然可以得到具有封閉解析解的價格公式。

假設 $q$ 表示常數紅利率，標的資產價格的動態過程由（3.1）擴展為：

$$dS_t = (\mu - q)S_t dt + \sigma S_t dW_t \qquad (4.3)$$

與上一小節同理，可從等價鞅測度角度使用 Girsanov 定理，同樣求得帶紅利的 B-S 期權價格公式。

歐式看漲期權期初價格為：

$$c(S_0, t_0, q) = S_0 e^{-q(T-t_0)} N(\hat{d}_1) - Ke^{-r(T-t_0)} N(\hat{d}_2) \qquad (4.4)$$

歐式看跌期權期初價格為：

$$p(S_0, t_0, q) = -S_0 e^{-q(T-t_0)} N(-\hat{d}_1) + Ke^{-r(T-t_0)} N(-\hat{d}_2) \qquad (4.5)$$

這裡，

$$\hat{d}_1 = \frac{\ln(S_0/K) + (r - q + \frac{1}{2}\sigma^2)(T - t_0)}{\sigma\sqrt{T - t_0}},$$

$$\hat{d}_2 = \frac{\ln(S_0/K) + (r - q - \frac{1}{2}\sigma^2)(T - t_0)}{\sigma\sqrt{T - t_0}}。$$

## 第三節　臨界條件、美式期權 PDE 及線性互補問題[①]

1. 臨界價格

以美式看跌期權（帶連續紅利）為例。假定期權持有人設置一個價格水平 $S^*(t)$，$t \in (t_0, T]$，在資產價格首次降至 $S^*(t)$ 時執行看跌期權。如果初始價格小於或等於 $S^*(t)$ 時則立即行權；否則就在停止時刻 $\tau = min\{t \geq t_0 : S(t) = S^*\}$ 執行。這裡的 $S^*(t)$ 被稱為臨界價格（critical price）。於是在平面 $(S, t)$ 上，集合 $\{S^*(t) : t_0 < t \leq T\}$ 就構成了臨界執行邊界 $S = S^*(t)$。關於最優行權價格（執行邊界），可參見 Steven E. Shreve（2004）的第 8.3 節。為直觀理解，圖 4.1 給出了美式看跌期權執行區域、執行邊界與等待區域示意圖。

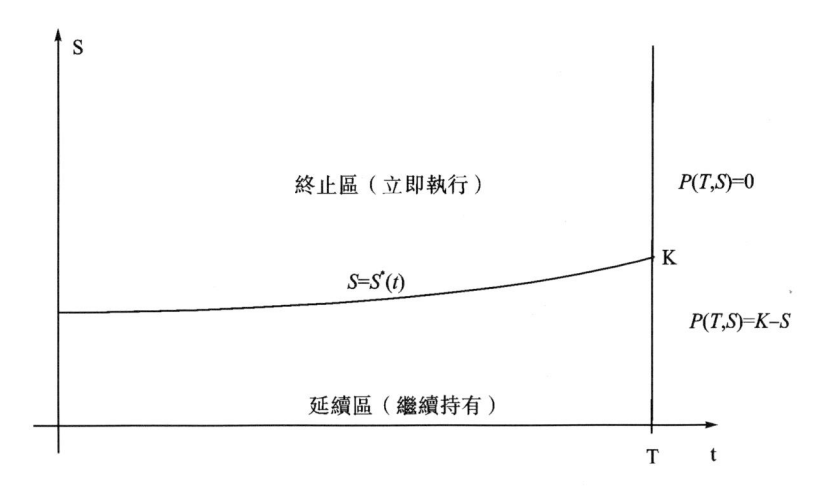

圖 4.1　美式看跌期權執行區域、執行邊界與等待區域

在圖 4.1 中，

（1）終止區對應的終止集合 $S = \{(t, S) : P(t, S) = (K - S)^+\}$；與之相應的終值條件為 $P(T, S) = 0$；相應的 PDE 為：

$$\frac{\partial V}{\partial t} + (r - q)S\frac{\partial V}{\partial S} + \frac{1}{2}\sigma^2 S^2 \frac{\partial^2 V}{\partial S^2} - rV = 0$$

（2）延續區對應的延續集合：$C = \{(t, S) : P(t, S) > (K - S)^+\}$；與之

---

[①]　本節詳見史書中（2006）。

相應的終值條件: $P(T, S) = K - S$; 相應的 PDE 為：

$$\frac{\partial V}{\partial t} + (r-q)S\frac{\partial V}{\partial S} + \frac{1}{2}\sigma^2 S^2 \frac{\partial^2 V}{\partial S^2} - rV + rK = 0$$

圖 4.2 是執行邊界上的一點 $S^*(t)$（臨界價格）對應的期權價格。

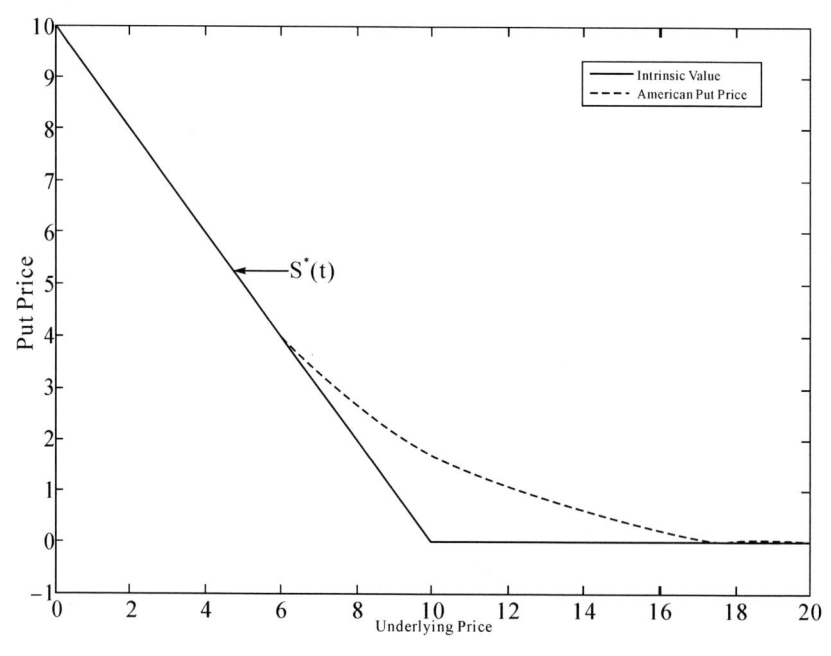

圖 4.2　美式看跌期權最優執行時的臨界價格解釋

2. 美式期權 PDE

式（3.7）給出了歐式期權價值 $V(S, t)$ 的 B-S 偏微分方程（PDE），從該 PDE 的得來可知，對支付連續紅利的歐式期權，其所滿足的 PDE 為：

$$B\{V(S,t)\} \equiv \frac{\partial V}{\partial t} + (r-q)S\frac{\partial V}{\partial S} + \frac{1}{2}\sigma^2 S^2 \frac{\partial^2 V}{\partial S^2} - rV = 0 \qquad (4.6)$$

其中 $B\{\cdot\}$ 是 Black-Scholes 線性微分算子。

對美式期權，在一定的 $(S, t)$ 區域（指持有、執行區域）滿足方程（4.6），但在不同的區域滿足不同的初始（或終值）條件以及不同的自由邊界。下面是美式看漲與看跌期權所滿足邊界條件下對應的 PDE 問題。

（1）美式看漲期權 $C(S, t)$

$$\begin{cases} B\{C(S, t)\} = 0 \quad t_0 < t < T, S < S^*(t) \\ C(S, T) = (S - K)_+ \\ C(0, T) = 0 \\ C(S^*(t), t) = S^*(t) - K \\ \partial C(S^*(t), t)/\partial S = 1 \\ C(S, t) = S - K \quad t_0 < t < T, S > S^*(t) \end{cases} \quad (4.7)$$

（2）美式看跌期權 $P_A(S, t)$

$$\begin{cases} B\{P(S, t)\} = 0 \quad t_0 < t < T, S > S^*(t) \\ P(S, T) = (K - S)_+ \\ P(\infty, t) = 0 \\ P(S^*(t), t) = K - S^*(t) \\ \partial P(S^*(t), t)/\partial S = -1 \\ P(S, t) = K - S \quad t_0 < t < T, S < S^*(t) \end{cases} \quad (4.8)$$

$S^*(t)$ 為臨界價格（critical price），對於看漲與看跌期權，這個臨界價格當然不同，但它們依然存在一種平價關係（parity relation）[①]。同時，上述兩個問題不像問題（3.8）與（3.9）那樣存在解析解，只能依靠數值解法。

3. 線性互補問題

當標的資產價格達到最優執行界即 $S(t) = S^*(t)$ 時，美式看漲期權價值為 $C(S^*(t), t) = S^*(t) - K$，則其看漲期權的 PDE 可以表示為：

$$\begin{cases} B\{C(S, t)\} = 0 \quad t_0 < t < T, S < S^*(t)（持有區域）\\ C(S, t) = S - K \quad t_0 < t < T, S > S^*(t)（執行區域）\end{cases} \quad (4.9)$$

$B\{\cdot\}$ 是 Black-Scholes 微分算子。

定義一個無風險對沖組合：持有一份美式看漲期權 $C$，同時做空 $\Delta = \partial C/\partial S$ 份標的資產 $S$。則組合價值：

$$\Pi = C - \Delta S = C - (\partial C/\partial S)S$$

對美式期權來說有：

$$d\Pi \leq r\Pi dt$$

這意味著當此組合的收益率小於無風險利率時，執行美式看漲期權才最優。此外，資產價格小於臨界價格即 $S < S^*(t)$ 時，美式看漲期權的價格滿足

---

① 兩者之積等於執行價格的平方。

B-S 方程，於是式子（4.9）可寫為：
$$B\{C(S, t)\} \leq 0, S > 0$$
當 $S < S^*(t)$ 時美式看漲期權價值高於內在價值 $S - K$；$S \geq S^*(t)$ 時期權價值則等於內在價值 $S - K$。有：
$$C(S, t) \geq S - K, S > 0$$
綜合以上式子得到：
$$\begin{cases} B\{C(S, t)\} \cdot [C - (S - K)] = 0, & S > 0 \\ B\{C(S, t)\} \leq 0 \\ C(S, t) \geq S - K \end{cases} \quad (4.10)$$
上面式子（4.10）稱為美式看漲期權的線性互補問題。
類似可得到美式看跌期權的線性互補問題：
$$\begin{cases} B\{P(S, t)\} \cdot [C - (K - S)] = 0, & S > 0 \\ B\{P(S, t)\} \leq 0 \\ P(S, t) \geq K - S \end{cases} \quad (4.11)$$
對於以上的線性互補問題，存在許多的數值計算方法。

## 第四節 Crank-Nicolson 有限差分方法[①]

求解線性互補問題涉及有限差分方法。基本的方法就是使用有限差分替代偏微分方程，但有限差分方法的顯式（explicit）和隱式（implicit）有限差分計算會面臨解的穩定與有效性問題（Wilmott et al., 1995）。為了改善這些可能的困境（收斂性及精確度問題），使用它們的「均值」方法——Crank-Nicolson 差分法，要用到 Gauss-Seidel 迭代算法以及 SOR（Successive-Over-Relaxation）求解線性系統（Brandimarte, 2006）。

回顧上一小節的美式看漲、看跌期權的線性互補問題，方程（4.10）和方程（4.11）可以一般化：
$$\begin{cases} B\{V(S, t)\} \cdot [V - g(S, K)] = 0, & S > 0 \\ B\{V(S, t)\} \leq 0 \\ V(S, t) \geq g(S, K) \end{cases} \quad (4.12)$$
$B\{\cdot\}$ 是 Black-Scholes 偏微分方程算子，$V(S, t)$ 與 $g(S, K)$ 可分別看作

---

[①] 詳述見 John Hull (2009)。

期權的價格與其內在價值。

對分紅美式期權 PDE：

$$B\{V(S,t)\} \equiv \frac{\partial V}{\partial t} + (r-q)S\frac{\partial V}{\partial S} + \frac{1}{2}\sigma^2 S^2 \frac{\partial^2 V}{\partial S^2} - rV = 0，採用 Crank-Nicolson 差分法。$$

假設網格 $(S, t)$ 分成 $N+1$ 個時間點和 $M+1$ 個價格狀態如下圖。

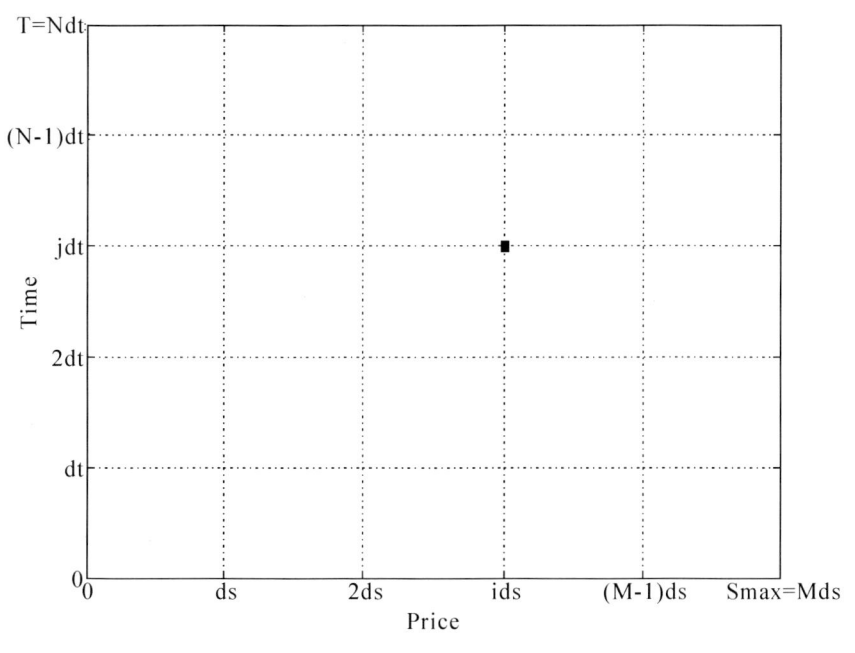

圖 4.3　$(S, t)$ 網格

記 $V_{i,j} = V(i \cdot \delta S, j \cdot \delta t)$，則上述美式期權 PDE 可離散為下面的網格方程：

$$\frac{r}{2}(V_{i,j-1} - V_{i,j}) = \frac{V_{i,j} - V_{i,j-1}}{\delta t} + \frac{(r-q)i\delta S}{2}(\frac{V_{i+1,j-1} - V_{i-1,j-1}}{2\delta S})$$

$$+ \frac{(r-q)i\delta S}{2}(\frac{V_{i+1,j} - V_{i-1,j}}{2\delta S})$$

$$+ \frac{\sigma^2 i^2 (\delta S)^2}{4}(\frac{V_{i+1,j-1} - 2V_{i,j-1} + V_{i-1,j-1}}{(\delta S)^2})$$

$$+ \frac{\sigma^2 i^2 (\delta S)^2}{4}(\frac{V_{i+1,j} - 2V_{i,j} + V_{i-1,j}}{(\delta S)^2}) \qquad (4.13)$$

分別令系數：

$$\alpha_i = \frac{1}{4}[\sigma^2 i^2 - i(r-q)]\delta t$$

$$\beta_i = -\frac{1}{2}(r + \sigma^2 i^2)\delta t$$

$$\gamma_i = \frac{1}{4}[\sigma^2 i^2 + i(r-q)]\delta t$$

則兼併同類項（4.13）式可寫成：

$$\begin{aligned}&-\alpha_i V_{i-1,j-1} + (1-\beta_i)V_{i,j-1} - \gamma_i V_{i+1,j-1}\\&= \alpha_i V_{i-1,j} + (1+\beta_i)V_{i,j} - \gamma_i V_{i+1,j}\end{aligned} \quad (4.14)$$

在使用 Crank–Nicolson 差分法求解問題（4.12）前，考慮如下系統的 Gauss-Seidel 的迭代方法。

$$Ax = b$$

假定初始值為 $x^{(0)}$，應用下面的迭代：

$$x_i^{(k+1)} = x_i^{(k)} + \frac{\omega}{a_{ii}}(b_i - \sum_{j=i}^{i-1} a_{ij}x_j^{(k+1)} - \sum_{j=i}^{N} a_{ij}x_j^{(k)}), \quad i = 1,2,\cdots,N$$

其中 $k$ 為迭代次數，$\omega$ 是松弛參數。如此迭代下去，直至滿足：

$$\|x^{(k+1)} - x^{(k)}\| < \varepsilon$$

$\varepsilon$ 為一個設定的容忍度。

現在可以為美式期權使用 Crank-Nicolson 差分法進行定價。考慮到期權的邊界（特別是，對看跌期權：$\forall j$ 有 $V_{0,j} \neq 0$；對看漲期權：$\forall j$ 有 $V_{M,j} \neq 0$），（4.12）可化為矩陣方程：

$$M_1 V_{j-1} = r_j \quad (4.15)$$

這裡，

$$r_j = \begin{cases} M_2 V_j + \alpha_1 [V_{0,j-1} + V_{0,j}, \quad 0, \quad \cdots, \quad 0]^T, & \text{看跌期權} \\ M_2 V_j + \alpha_1 [0, \quad 0, \quad \cdots, \quad V_{M,j-1} + V_{M,j}]^T, & \text{看漲期權} \end{cases}$$

$$V_j = [V_{1,j}, \quad V_{2,j}, \quad \cdots, \quad V_{M-1,j}]^T$$

還有兩個三角矩陣：

$$M_1 = \begin{bmatrix} 1-\beta_1 & -\gamma_1 & 0 & 0 & \cdots & 0 \\ -\alpha_2 & 1-\beta_2 & -\gamma_2 & 0 & & \vdots \\ 0 & -\alpha_3 & 1-\beta_3 & -\gamma_3 & \ddots & \\ & 0 & \ddots & \ddots & \ddots & 0 \\ \vdots & & \ddots & -\alpha_{M-2} & 1-\beta_{M-2} & -\gamma_{M-2} \\ 0 & \cdots & 0 & 0 & -\alpha_{M-1} & 1-\beta_{M-1} \end{bmatrix}$$

$$M_2 = \begin{bmatrix} 1+\beta_1 & \gamma_1 & 0 & 0 & \cdots & 0 \\ \alpha_2 & 1+\beta_2 & \gamma_2 & 0 & & \vdots \\ 0 & \alpha_3 & 1+\beta_3 & \gamma_3 & \ddots & \\ & 0 & \ddots & \ddots & \ddots & 0 \\ \vdots & & \ddots & \alpha_{M-2} & 1+\beta_{M-2} & \gamma_{M-2} \\ 0 & \cdots & 0 & 0 & \alpha_{M-1} & 1+\beta_{M-1} \end{bmatrix}$$

令 $g_i(i = 1, 2, \cdots, M-1)$，為 $S = i\delta S$ 時的內在價值，即：

$$g_i = \begin{cases} K - i\delta S, & \text{看跌期權} \\ i\delta S - K, & \text{看漲期權} \end{cases}$$

那麼由 Gauss-Seidel 迭代，對於美式看跌期權，我們有：

$$V_{1,j}^{(k+1)} = \left( g_1, \ V_{1,j}^{(k)} + \frac{\omega}{1-\beta_1} [r_1 - (1-\beta_1)V_{1,j}^{(k)} + \gamma_1 V_{2,j}^{(k)}] \right)^+,$$

$$V_{2,j}^{(k+1)} = \left( g_2, \ V_{2,j}^{(k)} + \frac{\omega}{1-\beta_2} [r_2 + \alpha_2 V_{1,j}^{(k+1)} - (1-\beta_2)V_{2,j}^{(k)} + \gamma_2 V_{3,j}^{(k)}] \right)^+,$$

$\cdots,$

$$V_{M-1,j}^{(k+1)} = \left( g_{M-1}, \ V_{M-1,j}^{(k)} + \frac{\omega}{1-\beta_{M-1}} [r_{M-1} + \alpha_{M-1} V_{M-2,j}^{(k+1)} - (1-\beta_{M-1})V_{M-1,j}^{(k)}] \right)^+$$

從第 $j$ 層到第 $j+1$ 層時，通常使用第 $j$ 層時的輸出結果作為 $j+1$ 層的初始值。

對於美式看漲期權，也有類似上述的迭代過程，在此不再贅述。

## 第五節　最小二乘蒙特卡羅方法（Longstaff-Schwartz）[①]

繼 Boyle（1977）關於歐式期權定價的蒙特卡羅方法之后，Bossaerts（1989）研究了如何用模擬方法處理美式期權的最優執行問題；Tilley（1993）也使用了蒙特卡羅方法對美式期權進行定價。直到 2001 年，Longstaff 和 Schwartz 提出了最小二乘蒙特卡羅方法，隨之諸多的文獻對該方法進行了各方面的檢驗。

該方法思路在於：①估計出一個條件期望函數，用以逼近期權繼續持有的價值，並且只在期權的實值狀態時進行迴歸。②再比較繼續持有價值與立即執

---

[①] 有關詳述見 Longstaff 和 Schwartz（2001）。

行價值，取其中大的價值作為此時刻的期權價值。③最后採用后推方式（backward），重複使用該過程對前一個時刻實值狀態時的期權持有價值進行擬合。④對所有路徑都同樣處理，最終的所有路徑取平均值即得期權價值。此過程可較詳細地描述如下。

考慮一個期權，其交易（當前）時刻為 $t_0$，到期日為 $T$；執行價格用 $K$ 表示；期權有 $N$ 個可能的執行時刻點 $t_1 < t_2 < \cdots < t_N = T$；假設模擬生成 $M$ 條標的價格路徑，每條路徑的起始點均為初始價格 $S_0$，在第 $k$ 條路徑的時間點 $t_i$，標的資產價格為 $S(t_i, k)$ 或簡記為 $S_i^{(k)}$，如圖 4.4 所示。

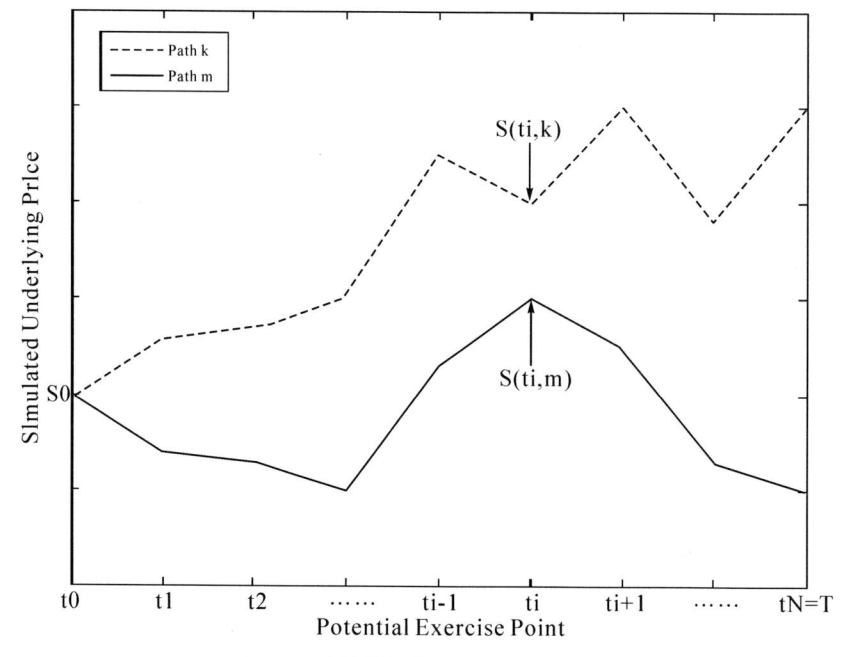

圖 4.4　連續狀態模型的標的價格路徑

對每一條路徑 $k(k = 1, 2, \cdots, M)$，考慮到期時刻 $t_N = T$ 的現金流（或期權收益）：

$$CF_N = \begin{cases} (K - S_N^{(k)})^+, & 看跌期權 \\ (S_N^{(k)} - K)^+, & 看漲期權 \end{cases};$$

接著將其貼現至前一時刻 $t_{N-1}$，記為：

$$DisCF_{N-1} = CF_N \cdot e^{-\int_{t_{N-1}}^{t_N} r(s)ds},$$

$e^{-\int_{t_{N-1}}^{t_N} r(s)ds}$ 為貼現因子；再基於一組基函數 $L_j(S)$（比如 Legendre 多項式函

數）對（期權處於）實值狀態的路徑貼現值 $DisCF_{N-1}$ 進行迴歸，得到迴歸函數：

$$CV_{N-1} = \sum_j \alpha_{N-1,j} L_j(S) \quad (4.16)$$

$\alpha_{N-1,j}$ 是迴歸系數；$S$ 代表標的資產價格，基函數 $L_j(S)$ 設為標的價格的函數。將處在實值路徑 $k$ 的標的價格 $S_{N-1}^{(k)}$ 代入迴歸方程（4.16）可以得到一個新的值 $CV_{N-1}^{(k)}$，作為處於實值路徑 $k$ 的期權在第 $t_{N-1}$ 時點的繼續持有價值；再同此時點 $t_{N-1}$ 的立即執行價值做比較，當繼續持有價值小於立即執行價值時，將立即執行價值作為期權處於實值路徑 $k$、在時刻 $t_{N-1}$ 的現金流 $CF_{N-1}$（意味著立即執行為最優），否則后一期 $t_N$ 時刻的貼現值 $DisCF_{N-1}$ 作為時刻 $t_{N-1}$ 的現金流 $CF_{N-1}$。如此，重複上述過程，可算出期初 $t_0$ 時刻期權所在實值路徑的現金流 $CF_0$，最后對所有實值路徑上的現金流 $CF_0$ 進行加權平均[①]，作為最終的期權價值。

可以對上述最小二乘蒙特卡羅方法實現過程進行簡單步驟化：

（1）模擬標的價格路徑。

（2）對於每一條路徑，計算到期的現金流（期權收益）。

（3）回望前一期，選取該期的實值路徑。

（4）對（3）中實值路徑，將到期的現金流進行貼現，作為期權在該期、該實值路徑的繼續持有價值。

（5）對（4）的繼續持有價值進行迴歸。

（6）迴歸值與立即執行價值比較。若「立即執行價值大於迴歸值」則選其作為該期、該路徑的現金流；否則選擇該期的下一期現金流之貼現值作為現金流。確定最優執行策略。

（7）重複步驟（3）—（6），直到最初時刻。

（8）對最初時刻的每條路徑現金流進行平均，作為期權的價值。

## 第六節　AC08 和 CLM 方法[②]

正如第二章第一節指出，繼 Stutzer（1996）與 Buchen（1996）的歐式期權定價工作之後，也有一些文獻致力於該方法的拓展，Alcock 和 Carmichael

---

① 例如，對於風險中性路徑則就是簡單的平均。
② 詳述分別見 Alcock 和 Carmichael（2008）和 Liu（2010）。

(2008）提出基於 Canonical 定價的非參數方法；Liu（2010）給出了美式期權定價的 CLM 定價方法。這兩種方法均使用 Canonical 方法與 Longstaff-Schwartz 最小二乘方法結合起來對美式期權進行定價，但他們的具體方法實現過程不同。前者記為 AC08 方法，后者記為 CLM 方法；在不進行細節區別時，AC08 與 CLM 視為同一方法。我們提出的方法定價結果將同該方法進行比較。

1. AC08 方法（Alcock-Carmichael，2008）

其基本思路是，首先，使用歷史標的資產收益時間序列和無風險利率，來構建在各個可能執行點的標的資產未來價格的風險中性概率分佈 $\pi^* = (\pi_1^*, \pi_2^*, \cdots, \pi_M^*)$，$M$ 為樣本標的價格路徑條數；此過程還涉及真實的概率分佈 $\pi = (\pi_1, \pi_2, \cdots, \pi_M)$。其次，運用相對熵原則將估計的真實概率分佈 $\hat{\pi} = (\hat{\pi}_1, \hat{\pi}_2, \cdots, \hat{\pi}_M)$ 轉換成風險中性概率估計值 $\hat{\pi}^* = (\hat{\pi}_1^*, \hat{\pi}_2^*, \cdots, \hat{\pi}_M^*)$，這個概率分佈滿足鞅條件（收益過程為鞅過程）。接著，使用加權最小二乘算法計算最優執行邊界，即確定最優執行策略。最后，用 $\hat{\pi}^*$ 對期權貼現收益（現金流的貼現）進行加權平均得到期權價值。

假設有 $N$ 個可能的執行點 $t_1 < t_2 < \cdots < t_N = T$；生成 $M$ 條標的價格路徑，標的資產在每條路徑起始點的初始價格為 $S_0$，在第 $k$ 條路徑的時間點 $t_i$，標的資產價格記為 $S_i^{(k)}$。為了生成（估計）$M$ 條標的價格路徑，每一條路徑需要 $N$ 個歷史收益：

$$S_1^{(k)} = S_0 R_{t_1-t_0}^{(k)}$$
$$S_i^{(k)} = S_{i-1}^{(k)} R_{t_i-t_{i-1}}^{(k)} = S_0 R_{t_i-t_0}^{(k)}, \quad (i = 1, 2, \cdots, N) \quad (4.17)$$

這裡 $R_{t_i-t_0}^{(k)}$（$k = 1, 2, \cdots, M$；$i = 1, 2, \cdots, N$）即為第 $k$ 條路徑所要使用的 $(t_i - t_0)$ 期標的資產歷史收益 $R_{t_i-t_0}^{(k)} = \dfrac{S_{t_0-k}}{S_{2t_0-k-t_i}}$（假設時間點以天數來計算的話），即第 $k$ 條路徑所要使用的收益為逐日后推 $k$ 天的標的價格 $S_{t_0-k}$ 除以繼續往后推 $(t_i - t_0)$ 天的標的價格 $S_{2t_0-k-t_i}$。所以整個路徑的構造需要 $M \times N$ 個歷史數據，而且通常都是路徑條數 $M$ 比可能的執行點數 $N$ 大很多。

首先對任何一個 $(t_i - t_0)$（$i = 1, 2, \cdots, N$）期收益的 $M$ 條路徑賦予一致分佈 $\hat{\pi}_k = \dfrac{1}{M}$。為了估計出風險中性概率測度 $\pi^* = (\pi_1^*, \pi_2^*, \cdots, \pi_M^*)$，必須對所有的 $i = 1, 2, \cdots, N$，即每一個可能執行點，要求滿足鞅約束：

$$E^{\pi^*}\left(\frac{R_{t_i-t}}{exp(r(t_i - t))}\right) = \sum_{k=1}^{M} \pi_k^* \frac{R_{t_i-t}^{(k)}}{exp(r(t_i - t))} = 1 \quad (4.18)$$

其中的 $r$ 為無風險連續複利率。

現在使用相對熵（Kullback-Leibler 距離）原則將原來的估計經驗分佈 $\hat{\pi} = (\hat{\pi}_1, \hat{\pi}_2, \cdots, \hat{\pi}_M)$ 轉化為風險中性等價鞅測度 $\pi^* = (\pi_1^*, \pi_2^*, \cdots, \pi_M^*)$。

$$\begin{cases} \pi^* = \underset{\pi_i^* > 0, \sum \pi_i^* = 1}{argmin} I(\hat{\pi}, \pi^*) = \sum_{k=1}^{M} \pi_k^* log(\pi_k^*/\hat{\pi}_k) \\ s.t. \sum_{k=1}^{M} \pi_k^* \frac{R_{t_i-t}^{(k)}}{exp(r(t_i - t))} = 1 \end{cases} \quad (4.19)$$

應注意到，上面問題的約束條件個數為 $N$ 個，即每個執行點 $t_i(i = 1, 2, \cdots, N)$ 對應一個約束條件。可以求得問題（4.19）的解①：

$$\pi_k^* = \frac{exp\left(\sum_{i=1}^{N} \lambda_i^* \frac{R_{t_i-t_0}^{(k)}}{exp(r(t_i - t_0))}\right)}{\sum_{k=1}^{M} exp\left(\sum_{i=1}^{N} \lambda_i^* \frac{R_{t_i-t_0}^{(k)}}{exp(r(t_i - t_0))}\right)} \quad (4.20)$$

其中 Lagrange 乘子（影子價格）$\lambda_i^*(i = 1, 2, \cdots, N)$ 為下例問題的最優解：

$$\lambda^* = \underset{\lambda_i}{argmin} \sum_{k=1}^{M} exp\left[\sum_{i=1}^{N} \lambda_i \left(\frac{R_{t_i-t_0}^{(k)}}{exp(r(t_i - t_0))} - 1\right)\right] \quad (4.21)$$

接著對 Langstaff-Schwartz 的最小二乘方法做矯正，得到加權的最小二乘方法，用於對美式期權的最優執行時刻進行決策，計算每條路徑上的最優執行點。在其使用迴歸方程時，採用的基函數為 Legendre 多項式函數：$\{L_0(\frac{S_i}{K}) = 1, L_1(\frac{S_i}{K}) = 2(\frac{S_i}{K}) - 1, L_2(\frac{S_i}{K}) = 6(\frac{S_i}{K})^2 - 6(\frac{S_i}{K}) + 1\}$。記第 $k$ 條路徑上看漲期權的最優執行時刻為 $t_{OptmCall}^{(k)}$，看跌期權的最優執行時刻②為 $t_{OptmPut}^{(k)}(k = 1, 2, \cdots, M)$，$K$ 為期權執行價格，則最后對所有路徑上期權的貼現現金流進行「平均」，就分別得到期權的價格：

$$C_{t_0}(S, K) = \sum_{k=1}^{M} \pi_k^* \left(\frac{[S_0 R_{t_{OptmCall}^{(k)}-t_0}^{(k)} - K]^+}{exp[r(t_{OptmCall}^{(k)} - t_0)]}\right) \quad (4.22)$$

$$P_{t_0}(S, K) = \sum_{k=1}^{M} \pi_k^* \left(\frac{[K - S_0 R_{t_{OptmPut}^{(k)}-t_0}^{(k)}]^+}{exp[r(t_{OptmPut}^{(k)} - t_0)]}\right) \quad (4.23)$$

---

① 求解方法見第六章第四節。

② 在同一條路徑上可能存在多個「最優」執行時刻，選取離到期日最近的一個作為最優執行點。下同。

## 2. CLM 方法（Liu，2010）

AC08 方法存在自身的一些缺點，比如不好處理帶紅利的情況，因為 AC08 方法生成的路徑可能不是根據日價格計算的（以可執行點的距離計算，而可執行點之間的距離可能超過一日）；同時要生成路徑需要巨量的數據等問題。

CLM 方法的總體思想與 AC08 類似，均是結合 Canonical 歐式期權定價方法與 Longstaff-Schwartz 最小二乘算法，但具體過程不同，涉及紅利計算處理、非常數利率處理、價格路徑生成等問題。

假設需定價的期權交易日和到期日分別為 $t_0$ 和 $T$；可執行點間隔均等長為 $\Delta t = \dfrac{T - t_0}{N}$，為簡化問題，可不妨假設 $\Delta t = 1$ 天，即可能的執行機會為剩餘到期日的天數；標的資產日收益的時間序列為：

$$R_1 = \frac{S_0}{S_{-1}},\ R_2 = \frac{S_{-1}}{S_{-2}},\cdots,R_H = \frac{S_{-(H-1)}}{S_{-H}} \qquad (4.24)$$

其中 $S_{-j}$ 是從當前日期往後第 $j$ 天的標的歷史價格。可注意到，AC08 方法中需要的歷史收益數據個數等於 $M \times N$，而在此需要的歷史數據個數 $H$，與生成路徑條數 $M$ 以及可執行點個數 $N$ 均沒有關係，此時 $H$ 可以比 $M \times N$ 小得多。

同樣構建形如（4.19）的熵定價框架，通過（4.20）、（4.21）計算出風險中性鞅定價測度 $\pi^* = (\pi_1^*,\ \pi_2^*,\cdots,\pi_H^*)$。

接下來使用這個風險中性概率分佈 $\pi^* = (\pi_1^*,\ \pi_2^*,\cdots,\pi_H^*)$，從觀察到的 $H$ 個歷史收益 $R_1,\ R_2,\cdots,R_H$ 中隨機抽取出 $M \times N$ 個樣本構成矩陣（使用一種逆函數轉化方法，inverse transform method）：

$$(R_i^{(k)})_{M \times N} \qquad (4.25)$$

這個收益樣本矩陣用來產生 $M$ 條標的樣本路徑：

$$\begin{aligned} S_1^{(k)} &= S_0 R_1^{(k)} \\ S_i^{(k)} &= S_{i-1}^{(k)} R_i^{(k)} = S_0 \prod_{j=1}^{i} R_j^{(k)},\ (i = 1,\ 2,\cdots,N) \end{aligned} \qquad (4.26)$$

於是這些路徑都是風險中性的，且每條路徑均有 $N$ 個可執行時刻 $t_1, t_2,\cdots,t_N = T$。

最后，使用 Langstaff-Schwartz 的最小二乘方法，對美式期權的最優執行時刻進行決策，計算每條路徑上的最優執行點。同樣，記第 $k$ 路徑上看漲期權的最優執行時刻為 $t_{OptmCall}^{(k)}$，看跌期權的最優執行時刻為 $t_{OptmPut}^{(k)}(k = 1,\ 2,\cdots,M)$，$K$ 為期權執行價格，則最后只需要對所有路徑上期權的貼現現金流進行

算術平均（因路徑已是風險中性的），可分別得到期權的價格：

$$C_{t_0}(S, K) = \sum_{k=1}^{M} \frac{1}{M} \left( \frac{[S_0 R_{t_{OptmCall}^{(k)}-t_0}^{(k)} - K]^+}{exp[r(t_{OptmCall}^{(k)} - t_0)]} \right) \quad (4.27)$$

$$P_{t_0}(S, K) = \sum_{k=1}^{M} \frac{1}{M} \left( \frac{[K - S_0 R_{t_{OptmPut}^{(k)}-t_0}^{(k)}]^+}{exp[r(t_{OptmPut}^{(k)} - t_0)]} \right) \quad (4.28)$$

這裡的利率 r 是與交易日 $t_0$、時間長度（$t_{Optm}^{(k)} - t_0$）相對應的常數利率，由美國國債收益率（US treasury yield curve rate）通過插值求得。

## 第七節　AA10 和 VCLM 方法[①]

在 AC08 的基礎之上，結合 Gray et al.（2007）的觀點，Alcock 和 Auerswald（2010）還增加了另一約束——按照以下原則選擇某一個看漲期權，使之能夠被正確定價：在為某一期權進行定價時，選擇最近一次交易日、具有相同執行價格的對應的「歐式」看漲期權。接著得出類似（4.20）—（4.21）的解，剩餘的步驟及方法均與 AC08 一致。

VCLM 方法與 AA10 類似，除了基本的軟約束條件之外，還增加了第二個條件——隱含波動率（implied variance）：將前一個交易日具有相同執行價格期權的隱含波動率，作為當前定價的期權的波動率。得到似於（4.20）—（4.21）的解之后，其他過程均與上述 CLM 定價過程一致。

## 第八節　本章小結

本書研究的是有關期權的定價，特別是美式期權定價方法。而對定價方法的檢驗，無論是模擬或者實證均需「基準」定價方法進行比較。

本章介紹了歐式與美式定價基準方法：Black-Scholes 模型下的期權定價公式、Crank-Nicolson 有限差分方法、Longstaff-Schwartz 最小二乘蒙特卡羅方法以及 AC08（Alcock & Carmichael, 2008）、AA10（Alcock & Auerswald, 2010）、CLM（Liu, 2010）、VCLM（Liu & Guo, 2014）方法，包括這些方法的部分理

---

[①] 詳述分別見 Alcock 和 Auerswald（2010），Liu 和 Guo（2014）。

論與原理以及計算過程。這些基準方法將在后文中用到。

基準方法 AC08、AA10、CLM、VCLM 方法，是最近提出的 Canonical 擴展美式期權方法，總體思想均可看作是 Canonical 方法與 Longstaff-Schwartz 最小二乘蒙特卡羅算法的結合，將作為最主要的基準方法。鑒於此，本章對其進行了較為詳細的介紹，並指出了它們的主要區別。從第五章開始，將介紹本研究中提出並使用的定價方法與定價步驟。

# 第五章 風險中性矩(RNM)的 Model-Free 提取方法

## 第一節 導言

為更準確地給出期權價格，需要從市場（標的或者衍生品市場）獲取富含標的資產未來收益的有用信息，而標的資產收益的統計矩能夠有效地反應標的價格的分佈。本章採用數學方法無模型依賴地獲取標的資產的對數收益風險中性矩，從而為得到一個恰當的等價鞅測度做準備（如果市場是完備的，可證明這個等價鞅測度就是唯一的；在下一章我們會證明，基於 Black-Scholes 環境下這個鞅測度就是唯一的風險中性測度）。

本章將通過隨機變量的特徵函數，推導出標的資產對數收益的風險中性矩公式，建立風險中性矩與期權[①]價格之間的數學關係，從而能夠從期權市場的實際數據得到標的對數收益的風險中性矩。正如第二章文獻回顧中指出的，期權市場價格蘊含著許多對期權定價的有效信息（如能夠準確反應標的資產價格分佈），因此這些風險中性矩能很好地捕捉到標的資產價格的特徵，提供更「恰當」的風險中性概率分佈。由於所建立的風險中性矩與期權價格之間的關係是用數學表達式給出的，本章還要給出一種數值計算方法，用以實現這種關係。

本章主要包含以下內容：第二節中我們解決了如何利用歐式與美式期權價格估計風險中性矩的理論問題，可用一種數學表達式描述期權價格與風險中性矩的關係。至於如何實現這種關係，在第三節中給予瞭解答，主要包括兩方面內容：市場中不可得期權價格的擬合和數學關係的數值求解。第四節則是對本

---

[①] 甚至只需要少量的價格數據，便可以準確提取風險中性矩。

章的總結。

本章所有的引理、定理、性質、結論、推論與證明，如若沒有註明來源，則全部出自作者的研究成果。

## 第二節 從期權價格提取風險中性矩

為了更準確地估計出標的資產收益的一個風險中性分佈，我們需要先估計出標的對數收益的風險中性矩，之所以選取對數收益有主要基於兩個原因：一是在關係式推導中，對數收益關於標的價格具有無限可微性的很好的性質；再者，對數收益的一階風險中性矩蘊含鞅約束條件（4.18）。這些中性矩將從期權市場提取，正如上文所述，期權市場蘊含許多的對標的資產未來收益分佈有用的信息①。採用該方式，波動率（通常是不能通過市場直接觀察到的）、峰度以及偏度能夠有效地反應在通過期權市場價格所提取的風險中性矩中。

首先給出一些記號：

（1）期權交易日（期初）為 $t_0$，到期日為 $T$；
（2）記標的資產在時間 $t(t_0 \leq t \leq T)$ 的價格為 $S_t$；
（3）$\tau$-期標的收益由相對價格表示：$R_\tau = S_{t+\tau}/S_t$；
（4）$\tau$-期第 $j(j \geq 1)$ 階標的風險中性矩 $m_j$ 定義為：$m_j = E^{\pi^*}([log(R_\tau)]^j)$，符號 $E^{\pi^*}$ 表示在風險中性測度 $\pi^*$ 下的期望算子；

其中 $\tau$ 可以是任何合適的時間寬度，作為一個特殊的時間區間就是從時間 $t(t_0 \leq t \leq T)$ 到到期時間 $T$，即 $\tau = T - t$。此時，$j$ 階收益風險中性矩用 $\gamma_j$ 表示：$\gamma_j = E^{\pi^*}([log(R_{(T-t)})]^j)$，而且 $m_j$ 與 $\gamma_j$ 之間存在一定關係（見后文定理 5.1）。

### 一、歐式期權的風險中性矩公式

下面討論如何使用歐式期權價格提煉風險中性矩。根據 Baski et al.（2003），特殊的情況即 $\gamma_j$ 可以利用一組虛值（out-of-the-money）歐式期權中提取。Baski et al.（2003）給出了下面的引理 5.1（只給出了 4 個風險中性收

---

① 比如，Kang 和 Kim（2006）實證表明期權價格能夠確切地反應市場對正常（normal）事件、稀有（rare）事件以及收益分佈的預期。Jiang 和 Tian（2005）的工作說明了由虛值歐式看漲期權得到的隱含波動率，包含了 Black-Scholes 隱含波動率以及已實現波動率的所有信息。相關早期文獻還可以參考 Chiras 和 Manaster（1978）與 Day 和 Lewis（1992）。

益矩的表達式)。

**引理 5.1** [歐式期權-RNM, Baski et al. (2003)] 在鞅定價測度 $\pi^*$ 下, $\gamma_j (j = 1, 2, 3, 4)$ 可以由虛值歐式看漲、看跌期權的市場價格所表達。

(1) $(T-t)$-期一階風險中性收益矩 $\gamma_1$ 可以表示為：

$$\gamma_1 = e^{(r-q)(T-t)} - e^{r(T-t)} \left[ \int_{S_t}^{\infty} \frac{1}{K^2} c_t(T, K) dK + \int_{0}^{S_t} \frac{1}{K^2} p_t(T, K) dK \right] - 1 \quad (5.1)$$

(2) $(T-t)$-期二階風險中性收益矩 $\gamma_2$ 可以表示為：

$$\gamma_2 = 2e^{r(T-t)} \left[ \int_{S_t}^{\infty} \frac{1 - log(K/S_t)}{K^2} c_t(T, K) dK \right. \\ \left. + \int_{0}^{S_t} \frac{1 + log(S_t/K)}{K^2} p_t(T, K) dK \right] \quad (5.2)$$

(3) $(T-t)$-期三階風險中性收益矩 $\gamma_3$ 可以表示為：

$$\gamma_3 = 3e^{r(T-t)} \left[ \int_{S_t}^{\infty} \frac{2 - log(K/S_t)}{K^2} log(K/S_t) c_t(T, K) dK \right. \\ \left. - \int_{0}^{S_t} \frac{2 + log(S_t/K)}{K^2} log(S_t/K) p_t(T, K) dK \right] \quad (5.3)$$

(4) $(T-t)$-期四階風險中性收益矩 $\gamma_4$ 可以表示為：

$$\gamma_4 = 4e^{r(T-t)} \left[ \int_{S_t}^{\infty} \frac{3 - log(K/S_t)}{K^2} (log(K/S_{-t}))^2 c_t(T, K) dK \right. \\ \left. + \int_{0}^{S_t} \frac{3 + log(S_t/K)}{K^2} (log(S_t/K))^2 p_t(T, K) dK \right] \quad (5.4)$$

$c_t(T, K)$ 和 $p_t(T, K)$ 分別表示歐式看漲和看跌期權在 $t(t_0 \leq t \leq T)$ 時刻的價格，期權到期日為 $T$，執行價格是 $K$；$r$ 是與距到期日長度匹配的無風險連續複利；$q$ 為連續支付的紅利率①；$r$ 與 $q$ 均為年度化的利率，且在一個時間段（交易日至到期日）是常數，但隨著交易日以及到期日不同而不同。

證明②：見附錄 A-1。

引理 5.1 建立了一個關係式，可從期權提取前 4 階風險中性矩，這些風險中性收益矩與風險中性收益密度的均值、波動率、偏度以及峰度相關。從我們給出的證明過程可以看出，該公式可以推廣到任意階的風險中性矩，因為特徵函數 $\Phi_R(x)$ 關於 $x$ 任意階可導。

---

① 離散的紅利支付情形也很容易處理，我們在第九、十章的實證研究時用到離散支付紅利。
② Baski et al. (2003) 使用 Taylor 展式得到前面四階矩的表達式。這些矩表達式實際可以用特徵函數來證明，並可以通過此方法得到拓展至任何階的風險中性矩公式。

## 二、美式期權的風險中性矩公式

在實際市場中，相比美式期權的交易，進行交易的歐式期權似乎少很多，很難在市場中發現基於個股的歐式看漲看跌期權。因此，我們可以考慮如何從美式期權市場中而非歐式期權，提煉上述風險中性矩。特別是標的資產的歐式看漲期權數據不可得時，如果一個美式看漲期權不被提前執行，則實際上可替代該歐式看漲期權。進一步，本節將說明風險中性矩完全可以由美式看漲期權關係式給出。因此先給出美式看漲期權不被提前執行的一個充分條件。

**引理 5.2** 記美式看漲期權的交易日是 $t_0$，到期日為 $T$，$t(t_0 \leq t \leq T)$ 時刻的標的價格為 $S_t$，其支付的連續紅利率記為 $q$，期權執行價格記著 $K$，$r$ 為無風險連續複利率。則在無套利條件下，如果 $S_t(1 - e^{-q(T-t)}) < K(1 - e^{-r(T-t)})$，那麼於到期日前執行該美式看漲期權就不是最優的。作為特別的情況，有：

(1) 當 $q < r$ 且 $S_t < K$ 時，看漲期權不會在到期日之前被提取執行。
(2) 標的資產無紅利支付（$q = 0$）時，美式看漲期權也不應提取執行。

這是因為無套利市場中，歐式看漲期權 $c_t$ 可以找到一個下界 $c_t \geq S_t e^{-q(T-t)} - K e^{-r(T-t)}$。那麼對於相應的美式看漲期權 $C_t$ 則有，$C_t \geq S_t e^{-q(T-t)} - K e^{-r(T-t)} + EP(t)$，其中 $EP(t)$ 表示美式看漲期權的提前執行升水，為非負的。於是在 $S_t(1 - e^{-q(T-t)}) < K(1 - e^{-r(T-t)}) + EP(t)$ 條件下，就有 $C_t \geq S_t - K$，這意味著不應該立即執行，而當不能夠提前執行時 $EP(t) = 0$，引理成立。

若一個標的資產的歐式看漲期權在市場不可得，而可以觀察到美式看漲期權且該期權不會提前執行，則由引理 5.2 可知，引理 5.1 中的歐式看漲期權價格可以由美式看漲期權替代。同時還應注意到，仍有許多的美式看漲期權都會被提前執行，此時引理 5.2 的特別情況給出了兩種選擇規則，只選取市場中滿足此兩條件的美式看漲期權[1]，用以提取收益的風險中性矩。現實中可以選取深度虛值（deeply out-of-the-money）美式看漲期權來替代相應的歐式看漲期

---

[1] 風險中性收益矩的表達式為積分形式，實際中可用數值方法求解，而且只需數個期權數據（Buchen, 2006; Rompolis, 2010）。

權，因為它們更應該不會提取執行①。

注意到式子（附錄 A1 式），其中 $(K-S_T)^+ = (S_T-K)^+ - (S_T-K)$，加上鞅條件 $E(S_T) = S_t e^{(r-q)(T-t)}$，再根據引理 5.1 和引理 5.2，立即得到下面的推論。

**推論 5.1**　在條件 $S_t(1-e^{-q(T-t)}) < K(1-e^{-r(T-t)})$ 下，其中 $t_0 \leq t \leq T$，美式看漲期權的價值等於相應的歐式看漲期權價值。此時，風險中性矩 $\gamma_j(j=1,2,3,4)$ 可以由美式看漲期權 $C_t(T,K)$ 給出：

（1）$(T-t)$-期一階風險中性收益矩 $\gamma_1$ 可以表示為：

$$\gamma_1 = e^{(r-q)(T-t)} - e^{r(T-t)}\left[\int_{S_t}^{\infty} \frac{1}{K^2} C_t(T,K) dK\right]$$
$$- e^{r(T-t)}\left[\int_0^{S_t} \frac{1}{K^2}[C_t(T,K) + Ke^{-r(T-t)} - S_t e^{-q(T-t)}] dK\right] - 1 \tag{5.5}$$

（2）$(T-t)$-期二階風險中性收益矩 $\gamma_2$ 可以表示為：

$$\gamma_2 = 2e^{r(T-t)} \int_{S_t}^{\infty} \frac{1 - \log(K/S_t)}{K^2} C_t(T,K) dK$$
$$+ 2e^{r(T-t)}\left[\int_0^{S_t} \frac{1-\log(K/S_t)}{K^2}[C_t(T,K) + Ke^{-r(T-t)} - S_t e^{-q(T-t)}] dK\right] \tag{5.6}$$

（3）$(T-t)$-期三階風險中性收益矩 $\gamma_3$ 可以表示為：

$$\gamma_3 = 3e^{r(T-t)} \int_{S_t}^{\infty} \frac{2-\log(K/S_t)}{K^2} \log(K/S_t) C_t(T,K) dK$$
$$+ 3e^{r(T-t)}\left[\int_0^{S_t} \frac{1-\log(K/S_t)}{K^2} \log(K/S_t)[C_t(T,K) + Ke^{-r(T-t)} - S_t e^{-q(T-t)}] dK\right] \tag{5.7}$$

（4）$(T-t)$-期四階風險中性收益矩 $\gamma_4$ 可以表示為：

$$\gamma_4 = 4e^{r(T-t)} \int_{S_t}^{\infty} \frac{3-\log(K/S_t)}{K^2} [\log(K/S_t)]^2 C_t(T,K) dK$$
$$+ 4e^{r(T-t)}\left[\int_0^{S_t} \frac{3-\log(K/S_t)}{K^2}[\log(K/S_t)]^2[C_t(T,K) + Ke^{-r(T-t)} - S_t e^{-q(T-t)}] dK\right] \tag{5.8}$$

---

① 一些實證研究，比如，Dueker 和 Thomas（1994），Zivney（1991），Poteshman 和 Serbin（2002）均表明絕大多數情況下，深度虛值的美式看漲期權都不會提前執行。Broadie et al.（2000）實證研究了 OEX 100 指數期權，發現幾乎所有提前執行的看漲期權僅發生在到期前幾天，而且只有當指數價格接近執行價格時。

正如上面所述，推論5.1的條件比較容易滿足，特別是對於虛值或平價美式看漲期權。從上面式子第一個積分部分可看出，看漲期權處於虛值或平價狀態，何況一般情況下紅利率不一定高於無風險利率。由於以上提取風險中性矩的公式需要進行離散再採用數值方法求解，正如第56頁腳註①指出的那樣，上式中的美式看漲期權價格數量甚至可以是少數幾個，所以完全可以選擇那些滿足推論5.1條件的幾個期權，用以估計收益的風險中性矩。

作為特殊情形，當期權的標的資產不產生紅利，或者說 $q = 0$ 時，我們得到下面的推論5.2。

**推論5.2** 在鞅定價測度 $\pi^*$ 下，對於美式期權如果其標的資產無紅利支付，那麼收益的前四個風險中性矩 $\gamma_j(j = 1, 2, 3, 4)$ 可以由這些看漲期權提取。

(1) $(T - t)$-期一階風險中性收益矩 $\gamma_1$ 可以表示為：

$$\gamma_1 = e^{r(T-t)} \left[ 1 - \int_{S_t}^{\infty} \frac{1}{K^2} C_t(T, K) dK \right] \\ - e^{r(T-t)} \left[ \int_0^{S_t} \frac{1}{K^2} [C_t(T, K) + Ke^{-r(T-t)} - S_t] dK \right] - 1 \tag{5.9}$$

(2) $(T - t)$-期二階風險中性收益矩 $\gamma_2$ 可以表示為：

$$\gamma_2 = 2e^{r(T-t)} \int_{S_t}^{\infty} \frac{1 - log(K/S_t)}{K^2} C_t(T, K) dK \\ + 2e^{r(T-t)} \left[ \int_0^{S_t} \frac{1 - log(K/S_t)}{K^2} [C_t(T, K) + Ke^{-r(T-t)} - S_t] dK \right] \tag{5.10}$$

(3) $(T - t)$-期三階風險中性收益矩 $\gamma_3$ 可以表示為：

$$\gamma_3 = 3e^{r(T-t)} \int_{S_t}^{\infty} \frac{2 - log(K/S_t)}{K^2} log(K/S_t) C_t(T, K) dK \\ + 3e^{r(T-t)} \left[ \int_0^{S_t} \frac{1 - log(K/S_t)}{K^2} log(K/S_t) [C_t(T, K) + Ke^{-r(T-t)} - S_t] dK \right] \tag{5.11}$$

(4) $(T - t)$-期四階風險中性收益矩 $\gamma_4$ 可以表示為：

$$\gamma_4 = 4e^{r(T-t)} \int_{S_t}^{\infty} \frac{3 - log(K/S_t)}{K^2} [log(K/S_t)]^2 C_t(T, K) dK \\ + 4e^{r(T-t)} \left[ \int_0^{S_t} \frac{3 - log(K/S_t)}{K^2} [log(K/S_t)]^2 [C_t(T, K) + Ke^{-r(T-t)} - S_t] dK \right] \tag{5.12}$$

在第五章的模擬測試研究中，關於風險中性矩的提取部分的內容將使用該推論①。現在我們考慮對數收益的 $(T-t)$-期風險中性矩 $\gamma_j$，與對數收益的 $\tau$-期風險中性矩 $m_j$ 之間的關係。在生成標的價格路徑時，我們將要用到美式期權的可能提前執行點時刻之間的長度 $\tau$。下面的定理給出了 $\gamma_j$ 與 $m_j$ 間的關係。

**定理 5.1** 對一個比距到期日時間 $(T-t_0)$ 小很多的時間間隔 $\tau$，令 $R_\tau = S_{t+\tau}/S_t (t_0 \leq t \leq T)$ 為標的資產的 $\tau$-期收益。則在鞅定價測度 $\pi^*$ 下，$\tau$-期風險中性對數收益矩 $m_j = E^{\pi^*}[log(R_\tau)^j](j=1,2,3,4)$ 可由引理 5.1 或推論 5.1 中的 $\gamma_j = E^{\pi^*}[log(R_{T-t_0})^j]$ 給出：

$$m_1 = \frac{1}{N}\gamma_1 \tag{5.13}$$

$$m_2 = \frac{1}{N}\left[\left(\frac{1}{N}-1\right)\gamma_1^2 + \gamma_2\right] \tag{5.14}$$

$$m_3 = \frac{1}{N}\left[\left(\frac{1}{N}-1\right)\left(\frac{1}{N}-2\right)\gamma_1^3 + 3\left(\frac{1}{N}-1\right)\gamma_1\gamma_2 + \gamma_3\right] \tag{5.15}$$

$$m_4 = \frac{1}{N}\left[\left(\frac{1}{N}-1\right)\left(\frac{1}{N}-2\right)\left(\frac{1}{N}-3\right)\gamma_1^4 + 6\left(\frac{1}{N}-1\right)\left(\frac{1}{N}-2\right)\gamma_1^2\gamma_2 \right.$$

$$\left. +3\left(\frac{1}{N}-1\right)\gamma_2^2 + 4\left(\frac{1}{N}-1\right)\gamma_1\gamma_3 + \gamma_4\right]$$

$$\tag{5.16}$$

這裡 $N=(T-t_0)/\tau$，$\tau$ 表示兩執行點間的時間寬度。特別地，如果該美式期權的執行點間長度等長，則 $N$ 就是可執行點個數。

**證明**：見附錄 A-2。

從方程 (5.5)—(5.8) 可以看出，提煉出來的風險中性對數收益矩是期權價格在執行價格上的積分，積分區間為 $[0, S_t)$ 和 $[S_t, \infty)$，其中 0 與 $\infty$ 是奇異點。顯然，如果在這兩區間上給定連續的執行價格，那麼可通過數值方法擬合出關於執行價格連續的期權價格，這樣就可以直接計算出這些積分。

然而，在真實的市場中，能夠獲得的僅僅是有限個交易期權以及離散的執行價格。為此，我們將採取一個有效的、更切實際的方法，即一種曲線擬合方法來解決期權價格的不可得性問題；同時採用梯形（trapezoidal）數值方法處理積分的計算。

---

① 考慮無分紅情形的原因，是為了與基準方法 CLM 定價方法保持一樣的先前條件，以保證方法比較的公平性。

## 第三節　風險中性矩的實現

上節中給出了歐式以及美式期權的風險中性收益矩提取表達式，但這些表達式要求連續的執行價格。因此，超出可得執行價格範圍的期權價格，就需要從已知可得的離散期權數據推斷出來，這將涉及期權價格的擬合與數值積分的計算問題。本節將提供一種擬合方法與一種數值計算方法。

### 一、期權價格的曲線擬合方法：Black-Scholes 映射法

許多文獻都有研究期權價格的擬合方法思想，特別是 Jiang 和 Tian (2005)，他們還給出了截斷誤差項（truncation errors）的理論上界。受此啟發，在處理由不連續的執行價格帶來的期權價格擬合問題時，我們給出一種擬合方法——Black-Scholes 映射法。

本書中，我們將區間 $[0, S_t]$ 分成兩個子區間 $[0, K_{min}]$ 和 $[K_{min}, S_t]$，另外一個區間 $[S_t, +\infty)$ 分成 $[S_t, K_{max}]$ 和 $[K_{max}, +\infty)$。其中 $K_{min}$ 與 $K_{max}$ 分別表示市場上具有相同交易日和到期日的一組期權中，執行價格的最小值與最大值。

對區間 $[K_{min}, S_t]$ 與 $[S_t, K_{max}]$ 上的積分，先將該區間進行劃分，比如 $m = 100$ 個劃分，再採用三次樣條函數（cubic spline）對由看漲期權得到的 Black-Scholes 隱含波動率進行內插，得到該區間段的擬合期權價格。另外，使用兩個常數（分別為在端點 $K_{min}$ 與 $K_{max}$ 的隱含波動率）對可得區間 $[K_{min}, S_t]$ 與 $[S_t, K_{max}]$ 之外的期權價格進行外插。這兩個外插點分別在兩個執行價格點處截斷（truncated），這兩個執行價格點記作 $K_0$ 與 $K_\infty$，於是區間 $[0, K_{min}]$ 與 $[K_{max}, +\infty)$ 又各自分成子區間 $[0, K_0]$、$[K_0, K_{min}]$ 與 $[K_{max}, K_\infty]$、$[K_\infty, +\infty)$。可以取截斷點 $K_0(K_\infty)$ 非常小（充分大），比如說幾乎接近零（任意一個很大的數），這樣一來，式子（5.5）—（5.8）中的第一個（第二個）被積函數的看漲（看跌）期權價格部分在區間 $[K_\infty, +\infty)$（$[0, K_0]$）上價值幾乎為零，如此，在區間 $[K_\infty, +\infty)$ 和 $[0, K_0]$ 上對應的積分值趨於零。

以上過程簡述了如何在不同區間擬合出超出區間範圍的期權價格，實際上分為兩個操作程序：①構造隱含波動率曲面；②利用該曲面提取所要求的期權

價格。這些過程分為以下幾個步驟。

（1）基於已有（從市場上得到）的看漲期權價格（相同的交易日 $t_0$ 和到期日 $T$），使用 Black-Scholes 公式①計算其隱含波動率。

（2）將區間 $[K_{min}, S_{t_0}]$ 與 $[S_{t_0}, K_{max}]$ 分別都進行 $m$（比如 $m = 100$）個劃分，再利用（1）中得到的隱含波動率，使用三次樣條函數對劃分后的區間端點進行內插，根據擬合函數得到整個區間 $[K_{min}, S_{t_0}]$ 和 $[S_{t_0}, K_{max}]$ 上的擬合隱含波動率。

（3）重複使用一次 Black-Scholes，將（2）中的隱含波動率進行一次逆映射，得到區間 $[K_{min}, S_{t_0}]$ 和 $[S_{t_0}, K_{max}]$ 的劃分區間端點對應的期權價格。

（4）最后，對於整個區間 $[K_0, K_{min}]$（$[K_{max}, K_\infty]$），使用（2）中得到的截斷點 $K_0(K_\infty)$ 處的隱含波動率進行外插，得到期權價格。

需要說明的是，在處理不可得期權價格問題的整個過程中，用到了兩次 Black-Scholes 期權公式，這兩次的 Black-Scholes 公式「作用」實際上互相抵消〔過程（3）中使用了一次逆映射〕。因此，Black-Scholes 期權公式在此僅僅作為一個函數工具，來構建由其產生的隱含波動率（通過可得的期權價格擬合）同市場不可得期權價格之間的非線性平滑關係。這種效果很好，在第五章的模擬實證中，我們僅僅使用了 5 個期權價格。另外，如果 $(T - t_0)$-期對數收益的風險中性矩 $\gamma_j$〔即式（5.5）—（5.8）〕可以計算出來，則相應的美式期權的 $\tau$-期風險中性矩 $m_j$〔式（5.13）—（5.16）〕也就可以計算出來。

## 二、積分數值計算：梯形法則（Trapezoidal Rule）

從式（5.9）—（5.12）可以看出，為了估計出風險中性矩，僅僅解決了期權價格缺乏的困擾還不行，接下來還需要處理積分計算，才能夠完全解決風險中性矩的計算。

通常數值積分方法有 Gauss-Legendre 積分、Simpson 積分以及梯形積分，本書採用最后一種——梯形積分法。

1. 積分與積分誤差

我們只需要考慮一維積分。對於一個函數 $f(x)$，其積分表達式為：

$$I(f) = \int_a^b f(x)\,dx$$

---

① Black-Scholes 公式在此僅僅作為一個函數工具，來表達波動率與期權價格的關係，以便得到市場中不可得的期權價格。

積分和為：
$$S_m(f) = \sum_{i=1}^{m} \omega_i f(\xi_i)$$

其中 $n$ 是積分的劃分子區間個數，$\omega_i > 0$ 為權重（通常為劃分長度），$\xi_i \in [a, b]$ 是積分子區間上的點（可以是端點）。

定義如下積分誤差：
$$E_m(f) = I(f) - S_m(f)$$

2. 梯形積分法

我們使用梯形積分估計積分值。將區間 $[a, b]$ 分成 $m$ 個等長的子區間 $[x_{i-1}, x_i]$（$1 \leq i \leq m$, $x_0 = a$, $x_m = b$），令 $\omega_i = x_i - x_{i-1} = (b-a)/m$。考慮兩個（Riemann）積分和：

Riemann 左和：
$$LS_m(f) = \sum_{i=1}^{m} \omega_i f(x_{i-1})$$

Riemann 右和：
$$RS_m(f) = \sum_{i=1}^{m} \omega_i f(x_i)$$

現在可以逼近積分 $I(f)$，取左、右平均和作為積分和：
$$S_m(f) = \sum_{i=1}^{m} \omega_i f(\xi_i) = \frac{LS_m(f) + RS_m(f)}{2}$$

由於我們採用梯形積分，故 Gauss-Legendre 積分、Simpson 積分的介紹在此省略。下面給出該三種積分方法的一個數例比較。

3. 數值積分比較：一個算例

仍然將區間 $[a, b]$ 分成 $m$ 個等長的子區間：$[x_{i-1}, x_i]$，其中 $x_i = a + h(i-1)$（$1 \leq i \leq m$），$h = \dfrac{b-a}{m}$。

可證明三種方法的積分誤差分別可表示為①：

Gauss-Legendre 積分：$E_m(f) = \dfrac{e^m}{(2m)!} f^{(2m)}(\eta)$，$\eta \in (-1, 1)$

其中，$f^{(2m)}$ 指函數 $f$ 的 $2m$ 階導數。

Simpson 積分：$E_m(f) = -\dfrac{(b-a)^5}{180 m^4} f^{(4)}(\eta)$，$\eta \in [a, b]$

梯形積分：$E_m(f) = -\dfrac{(b-a)^3}{12 m^2} f''(\eta)$，$\eta \in [a, b]$

---

① 可參考有關數值計算誤差的書籍。

考慮下面的一個算例：

假設 $\varphi(x)$ 是標準正態分佈密度函數，需要使用 Gauss-Legendre 積分、Simpson 積分和梯形積分方法計算積分：$\int_{-3}^{0} \varphi(x) dx$。

下表給出了在 $m = 2, 4, 8$ 時，三種方法分別對應的計算結果。

表5.1　　　　　　　　　三種積分方法的計算結果比較

| Method→<br>$m \downarrow$ | Trapezoidal Method $S_m(\varphi)$ | $E_m(\varphi)$ | Simpson Method $S_m(\varphi)$ | $E_m(\varphi)$ | Gauss-Legendre Method $S_m(\varphi)$ | $E_m(\varphi)$ |
|---|---|---|---|---|---|---|
| 2 | 0.496,806,990,1 | 1.84e-03 | 0.460,722,255,7 | 3.79e-02 | 0.525,893,004,4 | -2.72e-02 |
| 4 | 0.498,061,308,0 | 5.89e-04 | 0.498,479,414,0 | 1.71e-04 | 0.498,750,676,0 | -1.01e-04 |
| 8 | 0.498,496,477,9 | 1.54e-04 | 0.498,641,534,6 | 8.57e-06 | 0.498,650,101,4 | 5.75e-10 |

註：被積函數為標準正態分佈密度函數，積分區間是 $[-3, 0]$。$m$ 表示積分區間的等分子區間個數，$S_m(\varphi)$ 為各積分方法的計算結果，$E_m(\varphi)$ 是個計算方法的積分誤差。

可以看出，在現有3種區間數量下，對各個積分方法進行相應結果的比較發現，誤差都很小，且隨著劃分區間個數的增加，計算精確度均有提高，雖然梯形積分收斂速度不是最快，但是比較穩定，算法也很簡單。加上在求解積分時，使用的子區間個數為100，其誤差幾乎可以忽略，鑒於此，我們採用梯形積分方法。

4. 風險中性矩的數值積分求解

方程 (5.1)—(5.16) 中的積分求解，只需要解出 (5.1)—(5.8) 中的風險中性矩 $\gamma_j (j = 1,2,3,4)$，而這些矩的表達式的積分區間均相同，且只有 $[0, S_{t_0}]$ 和 $[S_{t_0}, +\infty)$ 兩個區間。於是不失一般性，我們只考慮計算 $\gamma_j$：

對於歐式期權：

$$\gamma_1 = e^{(r-q)(T-t_0)} - e^{r(T-t_0)} \left[ \int_{S_{t_0}}^{\infty} \frac{1}{K^2} c_{t_0}(T, K) dK + \int_{0}^{S_{t_0}} \frac{1}{K^2} p_{t_0}(T, K) dK \right] - 1$$

美式看漲期權：

$$\gamma_1 = e^{r(T-t_0)} \left[ 1 - \int_{S_{t_0}}^{\infty} \frac{1}{K^2} C_{t_0}(T, K) dK \right]$$
$$- e^{r(T-t_0)} \left[ \int_{0}^{S_{t_0}} \frac{1}{K^2} [C_{t_0}(T, K) + Ke^{-r(T-t_0)} - S_{t_0}] dK \right] - 1$$

如果是利用歐式期權市場價格來估計風險中性矩，則保留表達式第二部分中的看跌期權價格 $p_{t_0}(T, K)$；如果是美式期權，則 $p_{t_0}(T, K)$ 需用 $C_{t_0}(T, K) + Ke^{-r(T-t_0)} - S_0 e^{-q(T-t_0)}$ 計算（見上面兩個式子）。在此，我們只計算兩個積

分：$\int_{S_{t_0}}^{\infty}\frac{1}{K^2}c_{t_0}(T, K)dK$ 和 $\int_{0}^{S_{t_0}}\frac{1}{K^2}p_{t_0}(T, K)dK$，而其他涉及的積分，均可用類似的計算過程，其計算方法一樣。

(1) 計算 $\int_{S_{t_0}}^{\infty}\frac{1}{K^2}c_{t_0}(T, K)dK$

與上一小節一樣，先將區間 $[0, S_{t_0}]$ 分成三個子區間 $[S_{t_0}, K_{max}]$、$[K_{max}, K_{\infty}]$ 和 $[K_{\infty}, \infty)$，$K_{max}$ 依然表示市場中可得的執行價格的最大值，$K_{\infty}$ 是一個足夠大的數，比如可設定為 $K_{\infty} = 5K_{max}$，以至看漲期權 $c_{t_0}(T, K)$ 在區間 $[K_{\infty}, \infty)$ 上價值為零。

對這三個積分，均採用上面的梯形數值積分法進行計算。

首先，對於積分 $\int_{S_{t_0}}^{K_{max}}\frac{1}{K^2}c_{t_0}(T, K)dK$：

$$\int_{S_{t_0}}^{K_{max}}\frac{1}{K^2}c_{t_0}(T, K)dK \approx \frac{1}{2}[\sum_{i=1}^{m}(\frac{1}{K_{i-1}^2}c_{t_0}(T, K_{i-1}) + \frac{1}{K_i^2}c_{t_0}(T, K_i))\Delta K]$$

(5.17)

其中區間長度 $\Delta K = (K_{max} - S_{t_0})/m$，$K_i = S_{t_0} + (i-1)\Delta K(1 \leq i \leq m)$；$m$ 表示割分的不相交、等長的子區間個數。

注意到市場中只有有限個（比如 5 個）離散的執行價格 $K$，對應的也只有有限數目的期權價格數據 $c_{t_0}(T, K)$。對應於 $K_i = S_{t_0} + (i-1)\Delta K(1 \leq i \leq m)$ 的期權價格，則採用本章本節（第 60 頁）的 Black-Scholes 映射方法進行擬合。於是，(5.17) 式的右邊部分可以計算出來。這樣，積分 $\int_{S_{t_0}}^{K_{max}}\frac{1}{K^2}c_{t_0}(T, K)dK$ 得以求解。

其次，對於積分 $\int_{K_{max}}^{K_{\infty}}\frac{1}{K^2}c_{t_0}(T, K)dK$：

用同樣的方法，積分 $\int_{K_{max}}^{K_{\infty}}\frac{1}{K^2}c_{t_0}(T, K)dK$ 可用下式表示：

$$\int_{K_{max}}^{K_{\infty}}\frac{1}{K^2}c_{t_0}(T, K)dK \approx \frac{1}{2}[\sum_{i=1}^{m}(\frac{1}{K_{i-1}^{'2}}c_{t_0}(T, K_{i-1}^{'}) + \frac{1}{K_i^{'2}}c_{t_0}(T, K_i^{'}))\Delta K^{'}]$$

(5.18)

這裡，$\Delta K^{'} = (K_{\infty} - K_{max})/m$，$K_i^{'} = K_{max} + (i-1)\Delta K^{'} (i \in [1, m])$。再根據同樣的計算步驟，該積分 $\int_{K_{max}}^{K_{\infty}}\frac{1}{K^2}c_{t_0}(T, K)dK$ 的計算也得以解決。

最后，對於積分 $\int_{K_\infty}^{\infty} \frac{1}{K^2} c_{t_0}(T, K) dK$：

根據剛才所述，在區間 $[K_\infty, \infty)$ 上的看漲期權價值幾乎為零以至於可以忽略不計，只要 $K_\infty$ 取得足夠大，比如在第五章我們設定為 $K_\infty = 5K_{max}$。

因此，總的積分 $\int_{S_{t_0}}^{\infty} \frac{1}{K^2} c_{t_0}(T, K) dK$ 最后可以用（5.17）和（5.18）之和計算：

$$\int_{S_{t_0}}^{\infty} \frac{1}{K^2} c_{t_0}(T, K) dK \approx \int_{S_{t_0}}^{K_{max}} \frac{1}{K^2} c_{t_0}(T, K) dK + \int_{K_{max}}^{K_\infty} \frac{1}{K^2} c_{t_0}(T, K) dK$$

$$\approx \frac{1}{2} [\sum_{i=1}^{m} (\frac{1}{K_{i-1}^2} c_{t_0}(T, K_{i-1}) + \frac{1}{K_i^2} c_{t_0}(T, K_i)) \Delta K]$$

$$+ \frac{1}{2} [\sum_{i=1}^{m} (\frac{1}{K_{i-1}^{'2}} c_{t_0}(T, K_{i-1}^{'}) + \frac{1}{K_i^{'2}} c_{t_0}(T, K_i^{'})) \Delta K^{'}]$$

(5.19)

（2）計算 $\int_{0}^{S_{t_0}} \frac{1}{K^2} p_{t_0}(T, K) dK$

該積分完全與上述積分求解過程一樣，在此簡述如下。

與該積分相關的積分區間為 $[0, K_0]$，$[K_0, K_{min}]$ 和 $[K_{min}, S_{t_0}]$。$K_{min}$ 表示市場中可得的執行價格的最小值，而 $K_0$ 是一個非常小的數，比如可設定為 $K_0 = 0.2 K_{min}$，以至在區間 $[K_\infty, \infty)$ 上看跌期權的價值 $p_{t_0}(T, K)$ 為零。

最后積分 $\int_{0}^{S_{t_0}} \frac{1}{K^2} p_{t_0}(T, K) dK$ 可用下例式子來計算：

$$\int_{0}^{S_{t_0}} \frac{1}{K^2} p_{t_0}(T, K) dK \approx \int_{K_0}^{K_{min}} \frac{1}{K^2} p_{t_0}(T, K) dK + \int_{K_{min}}^{S_{t_0}} \frac{1}{K^2} c_{t_0}(T, K) dK$$

$$\approx \frac{1}{2} [\sum_{i=1}^{m} (\frac{1}{K_{i-1}^2} p_{t_0}(T, K_{i-1}) + \frac{1}{K_i^2} p_{t_0}(T, K_i)) \Delta K]$$

$$+ \frac{1}{2} [\sum_{i=1}^{m} (\frac{1}{K_{i-1}^{'2}} p_{t_0}(T, K_{i-1}^{'}) + \frac{1}{K_i^{'2}} p_{t_0}(T, K_i^{'})) \Delta K^{'}]$$

(5.20)

區間長度 $\Delta K = (K_{min} - K_0)/m$，$\Delta K^{'} = (S_0 - K_{min})/m$；$K_i = K_0 + (i-1) \Delta K$，$K_i^{'} = K_{min} + (i-1) \Delta K^{'}$，$i \in [1, m]$。

至此，完成了風險中性收益矩 $\gamma_j$ 的數值計算，再根據關係式（5.13）—（5.16）可計算出風險中性收益矩 $m_j$。這些風險中性矩可以利用離散的市場期權價格數據提取。

## 第四節　本章小結

　　為了得到更準確的定價鞅測度，本章提出了能夠刻畫這一定價測度的風險中性矩概念，並不依賴模型地建立起標的資產對數收益的風險中性矩與歐式以及美式期權價格的關係表達式，使得能夠利用市場上可得的有限期權數據，提取出這些風險中性矩。從期權市場估計出的這些風險中性矩不僅能夠保證標的資產價格過程是一個鞅過程（實際上一階對數收益風險中性矩就蘊含著鞅條件），而且能夠將波動率微笑，以及資產收益的峰度和偏度考慮進來，準確地反應出標的資產的風險中性分佈[①]。風險中性矩對風險中性測度的準確估計極為重要。

　　本章前部分內容是從理論上，不依賴任何標的資產或波動率等模型，解決從期權數據準確估計出風險中性收益矩的問題。首先引入一個關於從歐式看漲、看跌期權提煉前四階 $(T-t_0)$-期風險中性收益矩的引理；其次是拓展此引理，通過構造對數收益的特徵函數、利用特徵函數的性質證明了該引理，並將其擴展至估計任意階的風險中性對數收益矩；更重要的是，在本章我們證明了任意時間長度 $\tau$-期風險中性收益矩與 $(T-t_0)$-期中性矩之間的關係，以便能夠從美式期權提取出富含信息的風險中性矩，而非僅僅只能用於歐式期權市場。

　　在建立起期權價格與風險中性矩的關係式后，如何去實現這些關係？會遇到哪些問題呢？本章后半部分內容即是解決這些問題。首先是對於期權數據的不可得性問題，建立起來的關係式要求連續的執行價格和期權價格，而現實市場中只可能是離散的數據；其次數值解的問題，建立起來的關係式需要用數值方法去求解。針對第一個問題，文章採用 Black-Scholes 映射方法，先通過期權市場可得的數據計算 Black-Scholes 隱含波動率，再反過來利用 Black-Scholes 逆映射擬合得到需要的期權價格；對於第二個問題，通過一個算例比較了三種數值積分方法，選擇梯形積分法解決第二個問題。

---

[①] 這在第八章的基於 Black-Scholes 環境的模擬試驗中可以得到驗證：一階、二階風險中性矩準確反應了標的資產收益過程的漂移項和波動項。而且在這一章還將看到二階風險中性矩的重要性，因為其在推導風險中性概率分佈時的「貢獻」很大，即其影子價格（shadow price，或對應的 Lagrange 乘子）很高。

# 第六章　基於熵方法的風險中性分佈估計

## 第一節　導言

　　第五章提出的風險中性對數收益矩，對於準確估計出風險中性定價測度非常重要，本章將構建一個基於熵框架的風險中性分佈的估計方法，這個框架將用到風險中性矩。

　　基於 Shannon 熵理論的定價方法，在滿足現有的條件信息（即從金融市場得到的有效信息，比如提煉的風險中性收益矩）下，將這些已知的信息作為約束，利用最大熵或相對熵原理，能夠提供唯一的熵分佈概率密度，作為定價測度。熵定價原理可作為一個原則，用來確定合理的風險中性定價測度，因為該熵測度不會將任何「主觀」信息（除了已知或推導的正確信息）嵌入實際的概率測度，因此 Jaynes（1957，1982）聲稱由此得到的熵測度是最無偏、最符合真實狀態的。

　　本章對 Shannon 熵做進一步的解釋，並用組合數學方法證明 Shannon 熵與概率的關係，便於對 Shannon 熵的理解；接著提出基於風險中性矩的熵定價模型，對模型進行求解得到熵的鞅測度，將作為風險中性測度用來對期權進行定價；同時補充了一種得到熵測度的證明方法，包括數值實現方法。

　　第二節是關於 Shannon 熵的進一步解釋，將有助於理解熵定價方法；第三節提供基於風險中性收益矩的最大熵和最大相對熵定價模型，並指出兩者的關係；第四節對熵定價模型給出求解過程與數值實現方法；第五節對本章進行小結。

　　本章所有的引理、定理、性質、結論、推論與證明，如若沒有註明來源，

則全部出自作者的研究成果。

## 第二節 「Shannon 熵」的解釋

1. 概念

第三章第三節中給出了自信息（self-information）與 Shannon 熵的定義，先簡要回顧一下其抽象的概念與表達式：

自信息 $I(x_i)$ 是用來度量事件（狀態）$x_i$ 發生的不確定性，或該事件發生所需要信息量的大小，用該事件發生的概率的負對數表示：

$$I(x_i) = -log(P(x_i))$$

作為多個事件（如 $x_1$，$x_2$，$x_3$）的系統，其平均的不確定性（或所需要的平均信息量）：

$$H(I) = -\sum_i P(x_i) log(P(x_i))$$

就是 Shannon 熵。

上面兩式子顯示 Shannon 熵可看作是各狀態自信息的期望，用來度量一個系統各種狀態發生的平均不確定性。

2. 解釋

本部分的解釋將以拋硬幣為例。

拋一個硬幣 $N$ 次（為更好地說明問題，我們假設 $N = 3$），用 $K$ 表示可能出現結果的個數（在此例 $K = 2$，正面與反面），於是由數學的排列組合理論可得：

**引理 6.1** 試驗出現的可能結果狀態總數量為 $K^N$。

對上例，可能的出現狀態有八種，用「正」表示出現第一種結果——正面，「反」表示第二種結果——反面：

$\omega_1$：（反，反，反）；$\omega_2$：（反，正，反）；$\omega_3$：（反，反，正）；$\omega_4$：（正，反，反）；

$\omega_5$：（正，正，反）；$\omega_6$：（反，正，正）；$\omega_7$：（正，反，正）；$\omega_8$：（正，正，正）；

用 $\vec{n} \equiv (n_1, n_2, \cdots, n_K)$ 表示一種試驗情形。在該情形中的 $N$ 種實現中，包括第一種結果出現 $n_1$ 次，第二種結果出現 $n_2$ 次，……，第 $K$ 種結果出現 $n_K$ 次；$n_i (i = 1, 2, \cdots, K)$ 即為試驗中第 $i$ 種結果出現的次數，且 $\sum_{i=1}^{K} n_i = N$。同

時用 $s(\vec{n})$ 表示所有試驗中出現情形 $\vec{n} \equiv (n_1, n_2, \cdots, n_K)$ 的次數，則根據組合數學有下面的結果：

**引理 6.2** 試驗中出現 $\vec{n} \equiv (n_1, n_2, \cdots, n_K)$ 情形的次數 $s(\vec{n})$ 為：

$$s(\vec{n}) = N! \Big/ \prod_{i=1}^{K}(n_i!) 。$$

在上述拋硬幣試驗中，對應的試驗狀態、結果情形、情形次數見下表。

表 6.1　對拋硬幣試驗出現的可能試驗狀態、結果情形、情形次數

| State $\omega$ | Situation $\vec{n}$ | Times of Situation $s$ |
|---|---|---|
| （反，反，反） | (0, 3) | 1 |
| （反，正，反） | (1, 2) | 3 |
| （反，反，正） | (1, 2) | 3 |
| （正，反，反） | (1, 2) | 3 |
| （正，正，反） | (2, 1) | 3 |
| （反，正，正） | (2, 1) | 3 |
| （正，反，正） | (2, 1) | 3 |
| （正，正，正） | (3, 0) | 1 |

註：拿表中第二行進行解釋：（反，正，反）表示拋三次試驗所出現的狀態；(1, 2) 表示出現第一種結果「正面」一次，第二種結果「反面」兩次；最后一列「3」表示在所以狀態中情形「(1, 2)」出現的次數。

**定理 6.1**　進行 $N$ 次試驗。將試驗所有可能狀態 $\omega$ 對應的情形 $\vec{n}$ 出現的次數，記為 $s(\vec{n})$；試驗結果出現次數的 Shannon 熵（或簡單說成概率分佈 $p = (p_i)_{1 \leq i \leq K}$ 的熵）記為 $H(p) \equiv -\sum_{i=1}^{K} p_i log(p_i)$；則 $s(\vec{n})$ 正比於 $exp(H(p))$：$s(\vec{n}) \propto N \cdot exp(H(p))$。這裡 $p_i = n_i/N$ 表示每一種試驗出現第 $i$ 種結果的頻率（$\sum p_i = 1$），當試驗次數 $N \to \infty$ 時就是古典概率。

**證明**：見附錄 A-3。

定理 6.1 表明，如果重複試驗 $N$ 次，那麼得到分佈 $\vec{n} \equiv (n_1, n_2, \cdots, n_K)$ 的次數正比於 $exp(H(p))$。那麼最有可能發生的情形 $\vec{n} \equiv (n_1, n_2, \cdots, n_K)$，就是使得 $exp(H(p))$（或者 $H(p)$）最大的那個 $p = (p_i)_{1 \leq i \leq K}$。在上例拋硬幣的試驗中，情形 $\vec{n} \equiv (n_1, n_2) = (1, 2)$ 與 $\vec{n} \equiv (n_1, n_2) = (2, 1)$ 是最有可能的〔事實上，它們可能發生次數均為 3 次，在四種不同情形 (0, 3)，(1, 2)，

(2，1)和（3，0)中發生的次數最大]。

3. 進一步解釋

定理 6.1 恰好說明了，在某約束條件下（如最基本的條件 $\sum p_i = 1$），使得 Shannon 熵最大的分佈是最有可能發生的。「在所掌握的信息條件下，由最大熵得到的分佈是最合理、最客觀反應事實的，除此之外沒有其他的分佈，否則一定是這個分佈沒有包含所有可得的客觀信息」(Jaynes，1957，1982)。

對期權定價來說，定理 6.1 又可進一步解釋為：對標的資產的收益（或價格），在軼約束條件下，使得收益（或價格）熵最大的概率分佈即可作為定價軼測度。如果投資者觀察得到市場的現在價格（即掌握現在所有的信息），但對下一步的價格完全不確定（即沒有其他任何信息可得），如果用熵表示市場的不確定性，那麼投資者對未來的價格走勢的判斷，完全是由最大熵刻畫。

## 第三節　帶風險中性矩約束的（相對）熵

正如在第二章文獻回顧中提到的，許多傳統的基於無套利原則的定價方法在完備市場中是有效的，能夠確定唯一的風險中性概率分佈作為定價測度，但在不完備市場中則只能夠給出無套利價格區間，而很難給出唯一的合理定價測度。上一節以及第三章第四節解釋了最大熵原理，基於風險中性矩的最大化熵得到的軼測度，可以作為風險中性定價測度，於是能夠提供唯一的定價測度，而不論市場是否完備。

### 一、帶風險中性矩約束的熵定價模型

在定義 3.10，我們給出了相對熵的最大化問題：

$$\begin{cases} H(p(x)) = \max_{p(x)} \left\{ \int_{x \in X} \{-p(x) \log[p(x)/q(x)]\} dx \right\} \\ s.t. \begin{cases} E^P[f_j(x)] = c_j \\ E^P[1_{x \in X}] = 1 \end{cases} \end{cases}$$

其中，$q(x)$ 為先驗概率分佈，$\{f_j(x)\}$ 為定義在 $X$ 上的隨機函數序列。其離散的情形可表示為，

$$\begin{cases} H(p) = \max_{p} \left\{ \sum_{1 \le k \le M} [-p_k log(p_k/q_k)] \right\} \\ s.t. \begin{cases} E^P[f_j] = \sum_{1 \le k \le M} (p_k \cdot f_{k,j}) = c_j \quad (j=1,2,\cdots,m) \\ E^P[1_{1 \le k \le M}] = 1 \end{cases} \end{cases}$$

由於實際市場中的數據是離散的，我們考慮離散情形的熵最大化問題。特別地有：

（1）當 $p$ 為第四章第六節中的風險中性概率分佈 $\pi^*$、先驗分佈 $q$ 為均勻分佈時，上面的相對熵可化為 $\sum_{1 \le k \le H} [-p_k log(p_k/q_k)]$。

（2）隨機函數 $f_j(x)$ 為標的對數收益的函數 $f_{i,j} = [log(R_{\tau,i})]^j$ 時，約束 $E^P[f_j] = c_j$ 即變換為 $\sum_{1 \le k \le H} \pi_k^* [log(R_{\tau,k})]^j = c_j$。

這裡 $c_j$ 就是風險中性收益矩。如果 $\tau = T - t_0$，即歐式期權時 $c_j = \gamma_j$；是美式期權時 $c_j = m_j$。$\gamma_j$ 和 $m_j$ 定義見第五章第二節。

**註6.1** 從期權價格提煉的風險中性收益矩 $\gamma_j$ 或 $m_j$，包含標的資產未來收益足夠多的信息，以至於不需要事先進行統計推斷，也不需要任何的先驗知識[1]。

於是綜上所述，我們需要的基於風險中性矩約束的熵定價模型，可以表示為[2]：

（歐式期權）$\begin{cases} \pi^* = \underset{\pi_i^* > 0}{argmin} \sum_{k=1}^{H} \pi_k^* log(\pi_k^*) \\ s.t. \begin{cases} \sum_{k=1}^{H} \pi_k^* [log(R_{T-t_0,k})]^j = \gamma_j \quad (j=1,2,3,4) \\ \sum_{k=1}^{H} \pi_k^* = 1 \end{cases} \end{cases}$ （6.1）

---

[1] Bayes 學派將先驗分佈解釋為在抽樣前就具有的先驗信息的概率。認為先驗分佈不必有客觀的依據，它甚至是可以帶主觀色彩的。

[2] 我們只考慮前面4階風險中性矩約束：該4個矩足夠反應標的收益對均值、波動率、峰度與肥尾，其中一階矩約束蘊含著鞅約束；其次，當矩階個數增加時，會導致繁重的計算負擔。

$$\text{(美式期權)} \begin{cases} \pi^* = \underset{\pi_i^* > 0}{argmin} \sum_{k=1}^{H} \pi_k^* log(\pi_k^*) \\ s.t. \begin{cases} \sum_{k=1}^{H} \pi_k^* [log(R_{\tau,k})]^j = m_j \quad (j = 1, 2, 3, 4) \\ \sum_{k=1}^{H} \pi_k^* = 1 \end{cases} \end{cases} \quad (6.2)$$

其中 $t_0$ 與 $T$ 分別為當前日（期權交易日）與到期日；$\gamma_j$ 和 $m_j$ 是對應的風險中性對數收益矩；$R_{\tau,k}(k=1, 2, \cdots, H)$ 為可得的標的市場（歷史）收益，即相鄰 $\tau$ 期的資產歷史價格之比，可表示為：

$$R_{\tau,1} \equiv S_{t_0}/S_{t_0-\tau}$$
$$R_{\tau,2} \equiv S_{t_0-1}/S_{t_0-(\tau-1)}$$
$$R_{\tau,3} \equiv S_{t_0-2}/S_{t_0-(\tau-2)} \quad (6.3)$$
$$\cdots$$
$$R_{\tau,M} \equiv S_{t_0-(M-1)}/S_{t_0-(\tau-M+1)}$$

$R_{\tau,k} \equiv S_{t_0-(k-1)}/S_{t_0-(\tau-k+1)}(k=1, 2, \cdots, H)$ 中，$S_{t_0-(k-1)}$ 即為從當前時刻往后 $(k-1)$ 天的歷史價格；$S_{t_0-(\tau-k+1)}$ 為比 $t_0-(k-1)$ 時刻早 $\tau$ 期的資產歷史價格。

## 二、風險中性定價測度：存在性與唯一性

引理 5.1 證明過程中，實際表明一階風險中性矩 (5.1)、(5.9)、(5.13) 蘊含著軟約束。於是由模型 (6.1) 或 (6.2) 得到的最大熵分佈 $\pi^* = (\pi_1^*, \pi_2^*, \cdots, \pi_H^*)$ 就是第三章第四節中的最大熵軟測度，用來作為風險中性定價測度。

定理 3.4 和定理 3.5 表明：對 $\forall i \in I$，如果向量 $\{[log(R_{T-t_0,k})]^j\}_{j \geq 1}$ 或向量 $\{[log(R_{\tau,k})]^j\}_{j \geq 1}$ 線性無關，則對應的問題 (6.1) 或 (6.2) 存在唯一的最大熵（密度）分佈。

反之，如果向量 $\{[log(R_{T-t_0,k})]^j\}_{j \geq 1}$ 或 $\{[log(R_{\tau,k})]^j\}_{j \geq 1}$ 線性相關，有可能得不到唯一的密度分佈函數（即產生欠定問題），說明這些矩約束中是有重疊的，其中必有一個約束矩可以由其他的約束矩所表達。從信息熵角度說，這個重疊的約束矩所包含的信息完全可以由其他的矩約束所反應，因此此約束條件是冗余的。

在此分別舉兩例用以說明上述解的存在唯一性。

（1）假設模型（6.1）有兩個矩約束，且為歐式看漲期權：

$$\sum_{k=1}^{H} \pi_k^* (S_k - K_j)^+ = e^{r(T-t_0)} c_j \quad (j = 1, 2)$$

$S_k$ 是資產到期可能的價格，有 $H$ 種可能；$K_j$ 是第 $j(j=1, 2)$ 個看漲期權的到期執行價格，不妨 $K_1 < K_2$；$c_j$ 為第 $j$ 個期權的價格。

顯然，$(S_k - K_1)^+$ 與 $(S_k - K_2)^+$ 線性無關。考慮 $\alpha_1 (S_k - K_1)^+ + \alpha_2 (S_k - K_2)^+ = 0$，當資產價格 $S_k < K_1$ 時，$\alpha_1 (S_k - K_1)^+ + \alpha_2 (S_k - K_2)^+ = 0$ 恒成立；當 $K_1 \leq S_k \leq K_2$ 時，$\alpha_1(S_k - K_1) = 0$，可得 $\alpha_1 = 0$；於是 $S_k > K_2$ 時，$\alpha_1(S_k - K_1) + \alpha_2(S_k - K_2) = \alpha_2(S_k - K_2) = 0$，可得 $\alpha_2 = 0$。因此 $\alpha_1 = \alpha_2 = 0$，$(S_k - K_1)^+$ 與 $(S_k - K_2)^+$ 線性無關。模型此時可以得到唯一的解。

（2）現假設有四個矩約束：概率約束 $\sum_{k=1}^{H} \pi_k^* = 1$、標的價格約束 $\sum_{k=1}^{H} \pi_k^* S_k = e^{r(T-t_0)} S_0$、一個看漲期權約束 $\sum_{k=1}^{H} \pi_k^* (S_k - K)^+ = e^{r(T-t_0)} c_0$、一個看跌期權約束 $\sum_{k=1}^{H} \pi_k^* (K - S_k)^+ = e^{r(T-t_0)} p_0$。

由於 $(K - S_k)^+ = \alpha_1 K + \alpha_2 S_k + \alpha_3 (S_k - K)^+$，$\alpha_1 = 1$，$\alpha_2 = -1$，$\alpha_3 = 1$，所以這四個約束是相關的，最后一個約束——看跌期權約束是冗余的。也就是看跌期權的約束不能夠帶來多余、有用的信息，其所蘊含的信息完全可由前三個約束線性表達出來。

一般地，如果約束條件是相關的，則在建立諸如（6.1）模型的時候，就不需要使用那些冗余的矩作為約束條件，因為可能導致模型求解困難。實際求解模型時候，我們可以先計算約束條件是否相關，或者通過計算程序判斷是否產生欠定問題。

以上粗略地說明了可能產生欠定問題，下面進一步解釋最大熵（密度）分佈的唯一性。

要得到這個最大熵分佈而作為風險中性定價測度 $\pi^*$ 見式（4.20），首先需要求解 Lagrange 乘子（4.21），這由最大熵模型中的約束條件（或約束方程）所決定，而這些方程又是非線性的，於是需要採取數值求解。

記

$$A = [(log(R_{\tau, k}))^j]_{J \times N}, \quad Q(\lambda_1, \cdots \lambda_m) = \sum_{i=1}^{N} \left[ exp \sum_{j=1}^{J} \lambda_j ((log(R_{\tau, i}))^j - m_j) \right],$$

並且 $H_{i, j} = \dfrac{\partial^2 lnQ}{\partial \lambda_i \partial \lambda_j}$。於是由 Agmon, Alhassid 和 Levine（1979），我們得到兩個結論：

(1) 如果 $(H_{i,j})_{J\times J}$ 是正定矩陣，則 Lagrange 乘子唯一確定。

(2) 若矩陣 $A$ 行向量線性無關（即模型中的約束條件是線性獨立的），那麼 $(H_{i,j})_{J\times J}$ 是正定的。

但是當約束條件線性相關或很接近線性相關，那麼 $(H_{i,j})_{J\times J}$ 很可能是奇異（singular）或病態（ill-conditioned）的，這很可能導致 Lagrange 乘子的不可行解。例如可能導致第 $j$ 個 Lagrange 乘子 $\lambda_j = 0$，這意味著第 $j$ 個 Lagrange 乘子 $\lambda_j$ 幾乎不對目標函數「貢獻」，或等價地說，第 $j$ 個約束條件被其他約束條件所蘊含，即第 $j$ 個矩中含有的對風險中性測度有效的信息包含在其他的風險中性矩中。因此，有時候不需要過多的矩條件。比如，由基於一階矩得到的最大熵密度分佈就是指數分佈，基於一、二階矩的分佈是正態分佈，由此只要使用一個矩（兩個矩）便足夠確定指數分佈（對數分佈），而不需強制更多的矩約束。

### 三、為什麼選擇前四個矩作為約束

由上面所述，本書第八章的模擬定價研究中，我們使用兩個約束條件——前二階風險中性矩。這是因為，基於 Black-Scholes 環境下的，標的資產收益服從 GBM 運動，僅需一階矩、二階矩就可刻畫出標的資產收益的分佈，所以只採用兩個矩作為矩約束。

在第九章的實證定價中，我們也使用兩個約束條件——前二階風險中性矩。在該實證研究過程中，一些期權定價結果顯示四個矩約束中有一個或兩個是冗余的，因為在得到其風險中性矩估計時，使用的四個矩約束高度線性相關。例如，當 $\lambda_1 = 0$ 時意味著一階矩約束對得到風險中性矩幾乎沒有作用，該一階矩條件可以表示為其他三個矩條件線性組合；也意味著，該四個矩條件中的任何一個均可表示為其他三個的線性組合，於是四個約束條件可以壓縮為更少的約束，避免出現冗余的信息即避免重複反應標的資產分佈的信息。一旦出現 Lagrange 乘子為零，則可以使用更少的矩約束條件。

另外一個原因是，使用更多的矩作為約束條件將帶來程序運行的負擔，會增加很長計算時間。在實證定價過程中，我們使用四階矩的程序計算時間比使用二階矩長得多。

為說明上述實際的原因，我們將第九章實證部分的相關結果用表 6.2、表 6.3 表示。使用一組 IBM 期權為例：交易時間為 2008 年 7 月 31 日，股票價格是 127.98 美元，離到期時間 50 天。

表6.2　使用前二階矩和前四階矩約束所得到的 Lagrange 乘子與計算時間比較

|  | Via Two Moments $m_1$, $m_2$ | Via Four Moments $m_1$, $m_2$, $m_3$, $m_4$ |
| --- | --- | --- |
| λMultiplier Vector | $(-0.005,7, -1.583,5)$ $\times 10^3$ | $(0.000,0, -0.002,9, -0.162,4, -1.884)$ $\times 10^8$ |
| Elapsed Time (Second) | 969.460,5 | 11,835.378,5 |

註：所表示的是對 2008 年 7 月 31 日交易、離到期時間剩餘 50 天的 IBM 股票看漲及看跌期權定價結果，共記 9 只看漲期權與 9 只看跌期權。第一行數據為使用前二階矩與前四階矩得到的 Lagrange 乘子向量估計值；第二行數據為使用前二階矩與前四階矩為 18 只期權定價所耗時間。

表6.3　使用前二階矩和四階矩約束所得到的風險中性概率比較

| | Via Four Moments $m_1$, $m_2$, $m_3$, $m_4$ | Via Two Moments $m_1$, $m_2$ |
| --- | --- | --- |
| | 0.000,0 | 0.003,5 |
| | 0.000,0 | 0.005,0 |
| | 0.000,0 | 0.003,0 |
| | 0.000,0 | 0.004,1 |
| | 0.000,0 | 0.004,7 |
| | 0.000,0 | 0.004,6 |
| | 0.000,0 | 0.000,9 |
| | 0.000,0 | 0.003,6 |
| | 0.000,0 | 0.004,0 |
| | 0.000,0 | 0.004,3 |
| | 0.000,0 | 0.002,8 |
| | 0.000,0 | 0.005,0 |
| | 0.000,0 | 0.005,0 |
| | 0.000,0 | 0.003,0 |
| | 0.000,0 | 0.002,9 |
| | **0.001,9** | 0.005,0 |
| Obtained Risk-Neutral Probabilities | 0.000,0 | 0.004,9 |
| | 0.000,0 | 0.004,8 |
| | 0.000,0 | 0.004,0 |
| | 0.000,0 | 0.003,9 |
| | 0.000,0 | 0.003,8 |
| | 0.000,0 | 0.005,0 |
| | 0.000,0 | 0.004,2 |
| | 0.000,0 | 0.003,5 |
| | 0.000,0 | 0.003,1 |
| | **0.016,0** | 0.004,9 |
| | 0.000,0 | 0.004,2 |
| | 0.000,0 | 0.001,9 |
| | **0.000,1** | 0.004,5 |
| | 0.000,0 | 0.003,8 |
| | 0.000,0 | 0.003,6 |
| | 0.000,0 | 0.005,0 |
| | 0.000,0 | 0.005 0 |
| | 0.000,0 | 0.003,4 |
| | **0.026,8** | 0.004,9 |
| | 0.000,0 | 0.003,5 |

註：在實證研究中，概率個數為 260。為簡便起見，此表只貼出前面 36 個概率計算值。注意到在使用四個矩約束時得到的這 36 個概率中，絕大部分是零，只有 4 個非零（見黑體）。

表 6.2 顯示，使用四個矩作為約束條件得到的第一個 Lagrange 乘子為零，有一個乘子為零說明四個矩所包含對風險中性矩有效的信息可以由三個矩條件來表達。於是出現了表 6.3 所反應的不可行解——四個矩條件下得到的概率值大部分為零。實際在第六章的實證研究中，基於四個矩約束下計算得到的 260 個概率值中，僅有 52 個非零。

表 6.2 給出了分別使用前二階矩和前四階矩為 IBM 期權（同時為 9 個看漲和 9 個看跌定價）定價時，整個過程所消耗時間。很顯然，使用四個矩作為約束條件的計算時間代價很大，而使用兩個矩約束條件則僅需要 15 分鐘就能夠計算 18 個期權價格三遍。

因此，在模擬市場下的研究及 IBM 股票期權的實證研究中，均選取從期權價格提取兩個風險中性矩——一階和二階矩，將此兩個矩作為約束條件。

在第十章基於 OEX 的實證定價研究中，我們使用了前四階矩，很幸運的是沒有出現上述的欠定問題；究其原因，一是計算中涉及的數據比較「好」，再者主要因為在計算過程中，改進了算法使得解更加穩定。但計算時間比使用二階矩需要的計算時間長很多。

## 第四節　風險中性概率分佈估計

使用從期權價格獲得的風險中性矩作為約束條件，根據上述最大（相對）熵原理，在約束線性無關的條件下可得到唯一的熵鞅測度，作為風險中性概率分佈。本節將推導基於最大熵框架（6.1）、（6.2）的風險中性分佈公式，並簡述實現該風險中性分佈的計算方法。

### 一、風險中性概率分佈估計公式

首先將 (6.1)、(6.2) 兼併為同一種形式的模型：

$$\begin{cases} \pi^* = \underset{\pi_k^* > 0}{argmin} \sum_{k=1}^{H} \pi_k^* log(\pi_k^*) \\ s.t. \begin{cases} \sum_{k=1}^{H} \pi_k^* [log(R_{\tau,k})]^j = m_j \quad (j = 0, 1, 2) \\ m_0 = 1 \end{cases} \end{cases} \quad (6.4)$$

$R_{\tau,k}$ 為 $\tau$ 期的資產歷史收益［見 (6.3) 式］，特別地當 $\tau = T - t_0$ 時，變成

為（6.1）式；$m_j$ 為利用期權得到的 $log(R_{\tau,k})$ 的風險中性矩；$\pi^*$ 為所求的風險中性分佈，$\pi_k^*$ 是第 $k$ 個標的資產收益 $R_{\tau,k}$ 的風險中性概率。

下面是模型（6.4）的解（風險中性分佈估計公式）。

**定理 6.2**[①]  基於模型（6.4）的風險中性概率分佈 $\pi^*$，由下面的公式給出其估計式：

$$\hat{\pi}_k^* = \frac{exp\left(\sum_{j=1}^{2}\lambda_j^*[log(R_{\tau,k})]^j\right)}{\sum_{k=1}^{H}exp\left(\sum_{j=1}^{2}\lambda_j^*[log(R_{\tau,k})]^j\right)} \quad (6.5)$$

其中 Lagrange 乘子 $\lambda_i^*(i=1,2)$ 是下例問題的最優解：

$$\lambda^* = \underset{\lambda_1,\lambda_2}{argmin}\sum_{k=1}^{H}exp\left(\sum_{j=1}^{2}\lambda_j[(log(R_{\tau,k}))^j - m_j]\right) \quad (6.6)$$

**證明**：見附錄 A-4。

另外，證明過程顯示該定理實際可以推廣到任意有限個矩約束條件。

## 二、風險中性概率分佈的數值求解

估計式（6.5）為風險中性概率分佈的解，可以看出只需要計算出其中的最優 Lagrange 乘子 $\lambda^*$，這需要使用數值計算方法[②]。

一般處理優化問題（6.6）可採用擬牛頓（Quasi-Newton）方法，該方法能夠提供高速計算過程，但可能缺乏足夠的穩定性，特別是在存在局部最優解的時候。另一種是單純形算法——Nelder-Mead 搜索法，此方法收斂速度比擬牛頓方法慢，但更加穩定。在后面章節涉及的計算過程中，我們比較過此兩種方法的計算時間與收斂速度。為了得到「更優」的解，本研究結合使用兩種計算方法：利用前一種方法計算得到的值，作為初始值，再使用第二種方法給出最優解。

## 第五節　本章小結

在這一章，利用第六章的風險中性收益矩作為約束，構建了求解風險中性

---

[①] 該定理的傳統證明方法有對偶法，比如可參見 Ben-Tal（1985，第 268 頁）。
[②] 這裡提到的數值計算方法，其計算原理與具體計算過程，可參考任何有關數值計算方法的書籍，在此省略。

概率分佈的模型——基於風險中性矩的最大熵。

本章通過進一步解釋Shannon熵在金融學中的含義，說明了我們構造的模型方法是可行並準確、有效的，而且在理論上證明了最大 Shannon 熵分佈是最符合實際的分佈。這些均表明，在已知的所有準確信息下，模型所得到的熵概率分佈是最符合真實的風險中性鞅測度的，可用來作為期權的風險中性定價測度。在約束矩滿足不相關的條件下，這樣的鞅測度是唯一存在的，這就打破了傳統的有關不完備市場中等價鞅測度的不唯一的困境。

在解釋（包括舉例、證明）定價模型的合理性、有效性之後，下一節建立起基於風險中性矩的最大熵模型，討論了矩約束條件之間的相關性對（由模型得出的）鞅測度的影響，確定了我們所使用的矩約束。在某種意義上，此模型（含有多階矩約束）可以看做是對 Canonical 方法（Stutzer, 1996）、AC08、AA10、CLM、VCLM 方法（含有鞅約束或其他單個約束）的推廣。

本章最后部分是關於求解模型，從中得到風險中性概率分佈，作為定價的等價鞅測度；證明了基於熵模型推導出的風險中性概率分佈估計式，並給出一個實現風險中性分佈的數值計算方法。

# 第七章　帶矩約束的最小二乘蒙特卡羅熵方法(RME)的實現

## 第一節　導言

　　第六章第三節提出了基於風險中性矩約束的熵方法，由此得到唯一的最大熵鞅測度，將用來作為風險中性定價測度。有了這個「準確合理」的風險中性測度，再根據期權的性質（歐式、美式或路徑依賴），便可以對期權進行定價。

　　本章將給出歐式以及美式期權定價方法的實現過程。這種方法是將提取的風險中性矩作為約束嵌入到 Canonical 框架（基於最大熵定價框架）為期權定價，在此稱作帶矩約束的最小二乘蒙特卡羅熵方法（Risk-neutral Moments-constainted Least-squares Monte Carlo Entropy，簡記為 RME）。在 Black-Scholes 環境下，該方法的定價結果恰好就是 Black-Scholes 模型定價結果，即 Black-Scholes 期權公式，這一點將在本章得到證明，同時也將說明帶矩約束的最小二乘蒙特卡羅方法所得到的熵測度是一種風險中性測度。

　　RME 方法是基於最大熵框架得到風險中性定價測度，進而為期權定價。在對期權進行定價之前，可以比較 RME 風險中性定價測度與其他方法得到的定價測度，希望的結果是兩者一致或前者更準確。為此，本章的第二節討論對於歐式看漲期權，基於最大熵原理定價與基準方法 Black-Scholes 期權定價公式之間的關係。

　　第三節介紹如何使用 RME 方法，對歐式、美式期權定價，並闡述了定價的具體過程。

第四節對本章進行小結。

本章所有的引理、定理、性質、結論、推論與證明，如若沒有註明來源，則全部出自作者的研究成果。

## 第二節　最大熵定價與 Black-Scholes 期權定價

在 Black-Scholes 設定下，資產價格過程服從幾何 Brownian 運動（GBM），利用 Girsanov 定理可以求出唯一的等價鞅測度。而對於一個好的定價方法，在同一 Black-Scholes 環境下所求得的等價鞅測度也要求與前者一致。本節將證明，由基於風險中性矩的最大（相對）熵模型得到的鞅測度，就是用來計算 Black-Scholes 期權定價公式的風險中性測度。

考慮 GBM 模型：

$$\frac{dS_t}{S_t} = \mu dt + \sigma d\omega_t \tag{7.1}$$

其 $\tau$ 期的離散情形為：

$$\frac{\Delta S_t}{S_t} \equiv \frac{S_{t+\tau} - S_t}{S_t} = \mu \Delta t + \sigma \Delta \omega_t \tag{7.1}'$$

$\omega_t$ 為概率測度 $\pi$ 下的標準 Brownian 運動（標準 Wiener 過程）；$\mu$ 和 $\sigma$ 分別為漂移率與波動率。

在模型（7.1）下的最大相對熵模型為：

$$\begin{cases} \dfrac{d\pi^*}{d\pi} = argmin \int log(\dfrac{d\pi^*}{d\pi}) d\pi^* \\ s.t. \begin{cases} E^\pi([log(R_\tau)]^j \dfrac{d\pi^*}{d\pi}) = m_j & (j = 1, 2) \\ E^\pi(\dfrac{d\pi^*}{d\pi}) = 1 \end{cases} \end{cases} \tag{7.2}$$

$\pi^*$ 為所求的最大熵鞅測度（概率分佈函數）；$m_j$ 為 $\tau$-期對數收益 $log(R_\tau)$ 的風險中性矩。

基於模型（7.1）的 Black-Scholes 期權定價測度 $\pi^*$，有下面的引理。

**引理 7.1**　對 Black-Scholes 期權定價公式使用的測度 $\pi^*$，有：

$$\frac{d\pi^*}{d\pi} = exp(-\frac{1}{2}\rho^2 t + \rho\omega_t)$$

其中 $\rho = \dfrac{r-\mu}{\sigma}$。

**證明**：見附錄 A-5。

對於模型（7.2）中的風險中性矩 $m_j(j=1,2)$，有下面的結果：

**引理 7.2** $\tau$-期標的資產收益 $R_\tau$ 由模型（7.1）生成，則

$$m_1 = (r - \sigma^2/2)\tau$$
$$m_2 = [(r - \sigma^2/2)\tau]^2 + \sigma^2\tau \quad (7.3)$$

**證明**：見附錄 A-6。

引理 7.1 給出了 Black-Scholes 期權定價使用的測度，對於模型（7.2）的熵鞍測度則有下面的結果。

**引理 7.3** 模型（7.2）的解為：

$$\frac{d\pi^*}{d\pi} = \frac{exp(\sum_{j=1}^{2}\lambda_j^*[log(R_\tau)]^j)}{E^\pi[exp(\sum_{j=1}^{2}\lambda_j^*[log(R_\tau)]^j)]}$$

其中，

$$\lambda^* = argmin E^\pi[exp\{\sum_{j=1}^{2}\lambda_j([log(R_\tau)]^j - m_j)\}]。$$

此定理可以通過定義 Hamiltonian 函數，

$$H(\pi^*) = \int log(\frac{d\pi^*}{d\pi})d\pi^* - \lambda_0\int_D d\pi^* - \sum_{j=1}^{2}\lambda_j\int[log(R_\tau)]^j d\pi^*$$

對密度分佈函數，即 $\pi^*$ 的導數計算其 Frechet 導數，並令為零，可立得。或者先通過等價的離散模型表達，再利用離散模型的結果。

在 Black-Scholes 環境下，由於一階風險中性矩含有收益率 $r$ 和波動率 $\sigma$（見引理 7.3），換言之已經將波動率信息包含進來。那麼是否可以推斷，基於一階矩約束的熵模型得到的鞍測度，恰好就是 Black-Scholes 期權定價測度？下面的定理給出了肯定答案。

**定理 7.1** 當資產價格服從模型（7.1）時，則由含一階矩的模型〔即模型（7.2）中 $j=1$〕得到的鞍測度（即引理 7.3 中令 $j=1$），即為用來計算 Black-Scholes 期權定價的測度。

**證明**：見附錄 A-7。

第七章　帶矩約束的最小二乘蒙特卡羅熵方法（RME）的實現 | 81

這說明，在 Black-Scholes 設置下，我們的定價方法與 Black-Scholes 期權定價結果一致。

## 第三節　帶矩約束的最小二乘蒙特卡羅定價
　　　　　（RME Valuation）

在得到風險中性定價測度后，對於歐式與美式期權的定價具體過程有所不同，美式期權定價的最優執行將採用最小二乘逼近法，當然，這對歐式期權也是適用的。帶矩約束的 Canonical 最小二乘蒙特卡羅熵方法定價過程大致由以下幾個步驟組成：

（1）由定理 5.1 提取風險中性矩；

（2）構建基於風險中性矩的最大熵模型（6.4），求解出風險中性定價測度（6.5）；

（3）根據求得的定價測度，直接生成標的資產的風險中性價格路徑；

（4）使用最小二乘蒙特卡羅算法確定最優執行策略；

（5）對路徑收益進行平均，得到期權價格。

下面依照這些步驟給出歐式、美式期權的定價過程。

### 一、歐式期權定價

假設初始交易時刻為 $t_0$；到期日為 $T$；$R_{T-t_0,\,k}$ 表示標的資產的歷史收益，見（6.3）式；$S_{t_0}$ 與 $K$ 分別表示標的期初價格與期權執行價格；$c$ 和 $p$ 分別是歐式期權的看漲、看跌期權價格；$\gamma_j$ 為對數收益的風險中性矩；$q$ 和 $r$ 為紅利率和無風險利率。

根據引理 5.1，可以利用市場期權數據計算 $\gamma_j$，關於實現 $\gamma_j$ 的數值處理參見第五章第三節。接下來可構造歐式期權風險中性測度 $\pi_k^*$ 的熵模型：

$$\begin{cases} \pi^* = \underset{\pi_k^* > 0}{argmin} \sum_{k=1}^{H} \pi_k^* log(\pi_k^*) \\ s.t. \begin{cases} \sum_{k=1}^{H} \pi_k^* \left[ log(R_{T-t_0,\,k}) \right]^j = \gamma_j \quad (j = 1,\,2) \\ \sum_{k=1}^{H} \pi_k^* = 1 \end{cases} \end{cases} \quad (7.4)$$

根據定理 6.2 得出測度解表達式：

$$\hat{\pi}_k^* = \frac{exp\left(\sum_{j=1}^{2} \lambda_j^* \left[log(R_{T-t_0, k})\right]^j\right)}{\sum_{k=1}^{H} exp\left(\sum_{j=1}^{2} \lambda_j^* \left[log(R_{T-t_0, k})\right]^j\right)} \quad (7.5)$$

其中 Lagrange 乘子 $\lambda_i^*$ ($i = 1, 2$) 是下例問題的最優解：

$$\lambda^* = \underset{\lambda_1, \lambda_2}{argmin} \sum_{k=1}^{H} exp\left(\sum_{j=1}^{2} \lambda_j \left[(log(R_{T-t_0, k}))^j - \lambda_j\right]\right) \quad (7.6)$$

其計算實現，採用第六章第四節中提到的 Nelder-Mead 單純形法。

於是，使用這個風險中性概率分佈 $\pi^* = (\pi_1^*, \pi_2^*, \cdots, \pi_H^*)$，從觀察到的 $H$ 個 $(T-t_0)$-期歷史收益 $R_1, R_2, \cdots, R_H$ 中，使用一種逆函數轉換法（inverse transform method, pp230-232, Brandmiarte, 2006）隨機抽取 $M$ 個到期的收益樣本 $R^{(k)}$ ($k = 1, 2, \cdots, M$)，也就是對收益 $R_i$ 賦予概率 $\pi_i^*$ ($i = 1, 2, \cdots H$)。再利用這個收益樣本生成 $M$ 條標的價格（到期價格）路徑：$S^{(k)} = S_{t_0} R^{(k)}$。其中，$S^{(k)}$ 表示第 $k$ 條路徑的標的資產價格（參見圖 4.4 所示）。因此，這些價格路徑都是風險中性的。

最后，計算出每條路徑上歐式期權的到期收益：看漲期權為 $(S^{(k)} - K)^+$，看跌期權為 $(K - S^{(k)})^+$；再直接計算到期路徑收益的平均值並進行貼現，作為歐式期權的定價結果：看漲期權價值為 $c = \frac{1}{M} \sum_{k=1}^{M} \frac{(S^{(k)} - K)^+}{exp[r(T-t_0)]}$，看跌期權為 $p = \frac{1}{M} \sum_{k=1}^{M} \frac{(K - S^{(k)})^+}{exp[r(T-t_0)]}$。

其中的利率 $r$ 是與交易日 $t_0$、時間長度 $(T-t_0)$ 相對應的常數利率，由美國國債收益率（US treasury yield curve rate）通過插值求得。

## 二、美式期權定價

用 $R_{\tau, k}$ 表示標的資產 $\tau$-期歷史收益，見 (6.3) 式；$C$ 和 $P$ 分別是美式期權的看漲、看跌期權價格；$m_j$ 為對數收益 $log(R_{\tau, k})$ 的風險中性矩。其中，$\tau$ 為可能執行點時間間隔，比如在模擬實驗中 $\tau = (T-t_0)/N$（$N$ 為可能執行點個數）；在實證中，$\tau$ 的取法詳見第九章。

與歐式期權不同，美式期權定價則需要考慮到最優執行時刻。整個定價過程如下：

首先，由推論 5.1 或推論 5.2，利用市場期權的數據計算 $\gamma_j$，再根據定理 5.1 可計算出風險中性矩 $m_j$（實現方法見第五章第三節）。

其次，構造美式期權風險中性測度 $\pi_k^*$ 的熵模型：

$$\begin{cases} \pi^* = \underset{\pi_i^* > 0}{argmin} \sum_{k=1}^H \pi_k^* log(\pi_k^*) \\ s.t. \begin{cases} \sum_{k=1}^H \pi_k^* [log(R_{\tau,k})]^j = m_j \quad (j = 1, 2) \\ \sum_{k=1}^H \pi_k^* = 1 \end{cases} \end{cases} \quad (7.7)$$

根據定理 6.2 得到定價測度的解表達式：

$$\hat{\pi}_k^* = \frac{exp\left(\sum_{j=1}^2 \lambda_j^* [log(R_{\tau,k})]^j\right)}{\sum_{k=1}^H exp\left(\sum_{j=1}^2 \lambda_j^* [log(R_{\tau,k})]^j\right)} \quad (7.8)$$

其中 Lagrange 乘子 $\lambda_i^* (i = 1, 2)$ 是下例問題的最優解：

$$\lambda^* = \underset{\lambda_1, \lambda_2}{argmin} \sum_{k=1}^H exp\left(\sum_{j=1}^2 \lambda_j [(log(R_{\tau,k}))^j - m_j]\right) \quad (7.9)$$

採用第六章第四節中的 Nelder-Mead 單純形法計算 Lagrange 乘子 $\lambda_i^* (i = 1, 2)$。

接下來，使用這個風險中性概率分佈 $\pi^* = (\pi_1^*, \pi_2^*, \cdots, \pi_H^*)$，從觀察到的（市場歷史）$H$ 個 $\tau$-期歷史收益 $R_1, R_2, \cdots, R_H$（如果 $\tau$ 不是正整數，也可考慮日收益，再取連續 $\tau$ 個日收益乘積作為 $\tau$-期歷史收益）中，使用一種逆函數轉換法（inverse transform method, pp230-232, Brandmiarte, 2006）隨機產生 $M \times N$ 的 $\tau$-期收益樣本矩陣 $(R_i^{(k)})_{M \times N} (i = 1, 2, \cdots, N, k = 1, 2, \cdots, M)$，其中 $R_i^{(k)}$ 表示第 $k$ 條路徑上第 $(i-1)$ 個可執行點與第 $i$ 個可執行點之間的收益。

這個收益樣本矩陣用來產生 $M$ 條標的樣本價格路徑 [見式 (4.26)]：

$$S_1^{(k)} = S_0 R_1^{(k)}$$

$$S_i^{(k)} = S_{i-1}^{(k)} R_i^{(k)} = S_0 \prod_{j=1}^i R_j^{(k)}, \quad (i = 1, 2, \cdots, N)$$

由於該樣本路徑是基於風險中性測度 $\pi^* = (\pi_1^*, \pi_2^*, \cdots, \pi_H^*)$ 而生成，於是這些路徑都是風險中性的，每條路徑均有 $N$ 個可執行時刻：$t_1, t_2, \cdots, t_N = T$。

現在需要對每條風險中性路徑進行最優執行策略決策[1]。採用 Longstaff 和

---

[1] 在第十章關於 OEX 的實證研究中，我們採用了改進的最優執行策略，詳見第十章。

Schwartz（2001）的最小二乘方法決定 M 條標的價格路徑的美式期權最優執行點；此方法直接使用風險中性下的樣本路徑，因此每條路徑對最終期權的價值「權重」均等（意味著對所有路徑收益取均值得到期權價值）；根據 Longstaff 和 Schwartz（2001）以及 Stentoft（2004），在最小二乘算法中使用迴歸方程時，採用的基函數為 Legendre 多項式函數①： $\{L_0(\frac{S_i}{K}) = 1,\ L_1(\frac{S_i}{K}) = 2(\frac{S_i}{K}) - 1,$
$L_2(\frac{S_i}{K}) = 6(\frac{S_i}{K})^2 - 6(\frac{S_i}{K}) + 1\}$。

最后對每條路徑價格進行平均求得期權價值。記第 k 條路徑上看漲期權的最優執行時刻為 $t_{OptmCall}^{(k)}$，看跌期權的最優執行時刻為 $t_{OptmPut}^{(k)}$（$k = 1, 2, \cdots, M$），K 為期權執行價格，則最后只需要對所有路徑上期權的貼現現金流進行算術平均（因路徑已是風險中性的），可分別得到美式看漲、看跌期權的價格：

$$C_{t_0}(T,\ K) = \sum_{k=1}^{M} \frac{1}{M} \left( \frac{[S_0 \prod_{i=1}^{t_{OptmCall}^{(k)}} R_i^{(k)} - K]^+}{exp[r(t_{OptmCall}^{(k)} - t_0)]} \right)$$

$$P_{t_0}(T,\ K) = \sum_{k=1}^{M} \frac{1}{M} \left( \frac{[K - S_0 \prod_{i=1}^{t_{OptmPut}^{(k)}} R_i^{(k)}]^+}{exp[r(t_{OptmPut}^{(k)} - t_0)]} \right)$$

這裡的利率 r 是與交易日 $t_0$、時間長度（$t_{Optm}^{(k)} - t_0$）相對應的常數利率，由美國國債收益率（US treasury yield curve rate）通過插值方法求得。

帶矩約束的 Canonical 最小二乘蒙特卡羅熵方法及設計的模型建立好之后，需要經過檢驗。首先對其進行模擬環境下的測試，再進行實證檢驗。

本小節的定價過程對於歐式期權也適用，即第三節的歐式期權定價過程也可按照此處的美式期權定價過程。在本書中，對於歐式期權的定價採用本小節的方法。

## 第四節　本章小結

本章給出了歐式、美式看漲看跌期權的 RME 方法的整個定價過程與具體步驟，在理論上證明了，只要標的資產價格服從 GBM，我們使用的 RME 方法得到的風險中性測度恰好是 Black-Scholes 定價的風險中性測度。

---

① 首先他們建議基函數中的資產價格需要用執行價格標準化，以避免數值計算的複雜化；其次，為了計算時間與精確度的平衡，Stentoft（2004）說明了 2 階或 3 階 Legendre 多項式更好（相比其他正交多項式比如 Laguerre 族，對計算的要求更低）。

# 第八章　RME 方法基於模擬市場同其他方法的比較

## 第一節　導言

第七章給出了基於 RME 方法的歐式與美式期權的定價詳細過程，本章將在模擬的市場環境下對該方法進行檢驗，並同其他的基準定價方法（B–S、FD、AC08、CLM）做比較。

本章的第二節介紹在模擬的市場中使用 RME 方法對美式看漲、看跌期權進行定價的具體步驟，包括樣本數據的模擬、風險中性矩的提取、風險中性分佈的估計、風險中性路徑生成，以及最優執行決策的確定。第三節則是對 RME 定價結果的分析，並將其同基準定價方法結果進行比較。第四節對本章進行小結。

## 第二節　基於模擬市場環境下對 RME 方法的檢驗

在本節，我們將進行兩個模擬實驗用以檢驗提取對數收益風險中性矩的能力和得到風險中性定價測度的準確性，以便最終檢驗 RME 定價方法對期權定價的有效性。兩個模擬實驗均在幾何布朗運動下進行，且該兩個模擬實驗使用的參數分別與下一節的基準比較方法（AC08 與 CLM）一致，以便於進行公平的定價結果比較。

首先，在 Black–Scholes 假設下模擬出一列資產的日收益樣本，以及基於不支付紅利標的資產的看漲與看跌期權價格樣本；根據這些樣本，提取（估

計）出風險中性矩 $\gamma_1$ 與 $\gamma_2$，以及風險中性定價測度 $\pi^*$；使用這個風險中性概率分佈生成標的價格路徑，再進一步確定最優執行點；最后計算出期權的價格。

## 一、初始設置

為了進行兩個模擬實驗，以下為所使用的參數。
（1）初始時刻：$t_0 = 0$
（2）標的資產初始價格：$S_{t_0}$
（3）執行價格：$K$
（4）無風險利率：$r$
（5）漂移率：$\mu$
（6）波動率：$\sigma$
（7）到期日：$T$
（8）紅利率①：$q$
（9）可執行點個數：$N = 73$
（10）到期時間長度：$\tau$ 為 5 天

為了便於對比，我們使用與基準方法（AC08，CLM）一樣的參數值。這些參數值見表 8.1。

表 8.1　　　　　　　　　模擬實驗的參數值

| 模擬實驗 | $S_0$ | $K$ | $r$ | $\mu$ | $\sigma$ | $T$ | $q$ |
|---|---|---|---|---|---|---|---|
| 實驗 1 | 40 | Calls：36.36,40,44.44<br>Puts：36,40,44 | 6% | 10% | 20% | 0.5 | 0 |
| 實驗 2 | 36,38,40,<br>42,44 | 40 | 6% | 6%,100% | 40% | 1 | 0 |

註：第一行為第一個模擬實驗的參數值，與 AC08 一致（Alcock & Carmichael, 2008）；第二行為第二個模擬實驗的參數值，與 CLM 一致（Liu, 2010）。第一行的兩行執行價格數字分別對應於看漲看跌期權，其 moneyness 為（1.1, 1.0, 0.9）。

---

① 為方便下文中的比較（與 AC08 和 CLM 方法），在此同樣假設紅利率為零（$q = 0$）。但是從我們的程序實現來看，即便有存在連續或離散分紅，也很容易考慮進去。

## 二、收益樣本與期權樣本數據

在 Black-Scholes 假設下我們模擬生成一系列資產收益樣本，標的資產價格服從幾何布朗運動（GBM）：
$$dS_t = (\mu - q)S_t dt + \sigma S_t d\omega_t \qquad (8.1)$$
$\omega_t$ 為標準 Wiener 過程。

在這個 GBM 下，以連續複利記的 $\tau$-期收益是指數正態分佈：
$$R_\tau = exp((\mu - q - \sigma^2/2)\tau + \sigma\sqrt{\tau}\varepsilon) \qquad (8.2)$$
$\varepsilon$ 是滿足標準正態分佈的隨機變量。

根據表 8.1 的參數值，由（8.2）隨機生成一年（365 個觀察數據）的 5 日收益（$\tau$ 為 5 天，對應后文要用到的可執行點個數 $N = H/\tau = 365/5 = 73$），即 $R_{\tau,h}(h = 1, 2, \cdots, H, H = 365)$ ①，作為日收益樣本數據。一旦確定了風險中性定價測度 $\pi^*$［式（7.8）］，就可以據此從日收益樣本數據中隨機抽樣，進而用抽取的數據模擬出標的資產風險中性價格路徑。

使用表（8.1）中的參數值，根據 Black-Scholes 期權公式可對應地生成兩組期權價格數據，這些期權樣本各自用來作為兩個實驗中的「交易」期權，其價格分別看作「真實的」期權市場價格。至此，需要用到的日收益與期權價格數據均已「生成」，將作為實際市場中的收益與期權價格。

## 三、風險中性矩與風險中性概率分佈的實現及比較

給定上述模擬的期權樣本數據，首先可以由推論 5.2 計算得到風險中性矩 $\gamma_1$ 和 $\gamma_2$，再根據定理 5.1 將 $\gamma_1$ 和 $\gamma_2$ 轉換成 $\tau$-期收益的風險中性矩 $m_1$ 和 $m_2$。關於其涉及的數值積分實現，主要存在兩個待解決的問題。

（1）對於「實際」市場中具有某一到期日（$T - t_0$）的期權，其可得的執行價格數據量是有限的，而風險中性矩 $m_1$ 和 $m_2$ 均涉及積分求解，要求具有連續的執行價格（或期權價格）數據。為解決這一問題，我們採取一種曲線擬

---

① 由於使用的歷史 $\tau$-期收益收益個數為 $H$，因此要求歷史數據時間窗口為 $[-(H+\tau), 0]$。我們選取 365 個歷史數據主要在於兩點：首先，當時間窗口過寬時［即 $H$ 太大，比如 Aclock & Auerswald（2010）在得出風險中性測度時須要超過 70,000 個數據］，從真實市場中觀察到的歷史收益數據已經過時，而不能夠準確反應時下的收益狀態（Liu & Yu, 2013），並且不一定能夠收集到如此多的市場歷史數據；其次是因為要考慮到計算的時間與有效性問題（Liu, 2010）。

合方法、利用已知的一些執行價格數據生成「隱含」期權價格。

首先，基於模擬得到的期權價格（即期權樣本，對應實際市場中可得的期權價格），通過 Black-Scholes 公式計算波動率；進而在這些得到的波動率的基礎上，採用三次樣條方法（cubic spline）構造出波動率曲面（到期時間和執行價格的函數曲面）。有了波動率曲面的擬合函數，就能夠根據到期時間與執行價格找到對應的波動率，再將該波動率代回 Black-Scholes 期權定價公式，得到期權價格。①

（2）風險中性矩公式中涉及積分，如何準確計算這些積分式子（5.5）—（5.12）通過比較，我們採用梯形數值積分方法，見第五章第三節。在本實驗中的每個積分區間將被劃分成 $m=5$ 個不相交子區間，即總共需要 10 個期權價格數據。

解決這兩個問題后，就可以根據計算出風險中性矩 $\gamma_1$ 和 $\gamma_2$，再由定理 5.1 得到風險中性矩 $m_1$ 和 $m_2$。在此使用 10 個（模擬出的）期權數據（5 個為執行價格高於標的資產價格的期權，另外 5 個則為執行價格低於標的價格期權）。為了檢驗估計的風險中性矩的準確性，在 GBM（8.1）模型下，先給出風險中性矩的理論值，作為風險中性矩的真實值，記為：$\gamma_j^{true} = E[(log(R_{T-t_n}))^j]$（$T$-期收益），$m_j^{true} = E[(log(R_\tau))^j]$（$\tau$-期收益）。基於（5.10）式，很容易計算出：

$$\gamma_1^{true} = (r - q - \sigma^2/2)T$$
$$m_1^{true} = (r - q - \sigma^2/2)\tau \tag{8.3}$$

$$\gamma_2^{true} = [(r - q - \sigma^2/2)T]^2 + \sigma^2 T$$
$$m_2^{true} = [(r - q - \sigma^2/2)\tau]^2 + \sigma^2 \tau \tag{8.4}$$

兩個模擬實驗的風險中性矩，其理論（真實）值和估計值分別見表 8.2 和表 8.3②。應注意到，在第二個實驗中給定多個標的資產價格，表 8.3 報告的是每一個對應標的資產價格的結果。

---

① 詳見第五章第三節中的「期權價格的曲線擬合方法：Black-Scholes 映射法」。本文的模擬實驗中，假設 $K_\infty = 5K_{max}$，$K_0 = 0.2K_{min}$；$K_{max}$ 和 $K_{min}$ 分別表示可得（即已知）的最大與最小執行價格。

② 這裡沒有報告 $\tau$-期收益風險中性矩的比較結果，因為 $\tau$-期的結果很小（小數點后仍有四個零）。其估計值與理論值幾乎沒有區別。

表 8.2　在 Black-Scholes 環境下提取的風險中性矩及與其對應的理論值
（第一個模擬實驗）

| Risk-Neutral Moments | the First Order Moment $\gamma_1$ | the Second Order Moment $\gamma_2$ |
|---|---|---|
| Estimates | 0.020,0 | 0.020,4 |
| True Values | 0.020,0 | 0.020,4 |

註：報告的是在 Black-Scholes 設置下，$T$-期對數收益的兩個矩估計值與真實值的比較。參數是 $S_{t_0}=40$，$r=0.06$，$T=0.5$，這些矩的估計是使用 10 個看漲期權提取的。第一行報告的是一、二階矩的估計值；第二行是一、二階矩的理論（真實）值。

表 8.3　在 Black-Scholes 環境下不同標的價格的風險中性矩估計值及
與其對應的理論值（第二個模擬實驗）

| Underlying Asset Price | | 36 | 38 | 40 | 42 | 44 |
|---|---|---|---|---|---|---|
| First Order Moment $\gamma_1$ | Estimates | -0.020,0 | 0.020,0 | -0.020,0 | 0.020,0 | -0.020,0 |
| | True Values | -0.020,0 | 0.020,0 | -0.020,0 | 0.020,0 | -0.020,0 |
| Second Order Moment $\gamma_2$ | Estimates | 0.160,5 | 0.160,5 | 0.160,5 | 0.160,4 | 0.160,4 |
| | True Values | 0.160,4 | 0.160,4 | 0.160,4 | 0.160,4 | 0.160,4 |

註：報告的是在 Black-Scholes 設置下，各個不同標的資產價格 $T$-期對數收益的兩個矩估計值與真實值的比較。參數是 $r=0.06$，$T-t_0=1$，這些矩的估計是使用 10 個看漲期權提取的。第一行報告的是一、二階矩的估計值；第二行是一、二階矩的理論（真實）值。

正如表 8.2 和表 8.3 顯示的，風險中性矩的估計值與真實值幾乎沒有區別，如表 8.2 中估計值與理論值沒有區別。這說明使用 10 對期權數據就能夠有效捕捉到有關標的資產收益的信息。

表 8.3 顯示，即使標的資產價格不同，提取的兩個風險中性矩也與對應的理論值幾乎沒有區別，這就表明得到的兩個矩確是「風險中性」的。事實上，這也是預料之中的，因為收益的風險中性值之所以是「中性」的，是因為其與標的資產的價格無關。在我們的實驗環境 Black-Scholes 中，對數收益的風險中性值只與無風險利率 $r$ 及波動率 $\sigma$ 有關，同時還應注意到，估計的風險中性矩與漂移率 $\mu$ 無關（實驗程序結果也表明如此）。

書中的定價框架使用兩個對數收益矩（$log(R_\tau)$，$[log(R_\tau)]^2$ 的矩）作為約束，而基準方法 AC08 和 CLM 主要是使用一個收益矩（$R_\tau$ 的矩）作為約束（實際上是軟約束：$\sum_{k=1}^{H}\pi_k^* R_{\tau,k}=e^{r\tau}$）。為進一步比較這些方法提取風險中性矩的能力，在第二個實驗中使用同樣的數據（$T-t_0=1$，$N=73$，$\tau=(T-t_0)/N$，

漂移率 $\mu_1 = 6\%$ 及 $\mu_2 = 100\%$)，分別通過估計 $R_\tau$、$(R_\tau)^2$、$log(R_\tau)$ 和 $[log(R_\tau)]^2$ 的風險中性矩，比較了定價方法 RME 和 CLM（或 AC08）[①] 的估計準確性。下面只給出由 RME 方法計算出風險中性矩的過程，CLM 方法也遵循同樣步驟。

首先，由式（8.2）分別使用兩個漂移率 $\mu_1 = 6\%$ 及 $\mu_2 = 100\%$ 生成兩組各 365 個收益作為模擬歷史收益 $R_{\tau,k}^{(1)}$ 和 $R_{\tau,k}^{(2)}$（$k = 1, 2, \cdots 365$）；接著得到相應的兩個風險中性分佈 $\hat{\pi}^{*(1)} = (\hat{\pi}_1^{(1)}, \hat{\pi}_2^{(1)}, \cdots, \hat{\pi}_H^{(1)})$ 和 $\hat{\pi}^{*(2)} = (\hat{\pi}_1^{(2)}, \hat{\pi}_2^{(2)}, \cdots, \hat{\pi}_H^{(2)})$；使用表 8.3 得到的一階矩 $\gamma_1$、二階矩 $\gamma_2$ 估計值，根據式（5.9）、（5.10）、（5.13）、（5.14）計算出風險中性矩 $m_1$、$m_2$，再由式（7.8）、（7.9）得到風險中性分佈 $\hat{\pi}^{*(1)}$ 和 $\hat{\pi}^{*(2)}$；最後，計算出兩組相應的四個風險中性矩：$R_\tau$、$(R_\tau)^2$、$log(R_\tau)$ 和 $log([R_\tau]^2)$ 的風險中性矩，這兩組風險中性矩是對歷史收益分別在概率分佈 $\hat{\pi}^{*(1)}$ 和 $\hat{\pi}^{*(2)}$ 下取期望所得。以 $R_\tau$ 為例，在 RME 方法下，對應於 6% 和 100% 的漂移率，其風險中性矩 $E(R_\tau)$ 分別計算為 $\sum_{k=1}^{H} \hat{\pi}_k^{(1)} R_{\tau,k}^{(1)}$ 和 $\sum_{k=1}^{H} \hat{\pi}_k^{(2)} R_{\tau,k}^{(2)}$。

類似地，可由 CLM 方法（一個矩約束）得到對應於 6% 和 100% 漂移率的的四個風險中性矩。同時，$R_\tau$、$(R_\tau)^2$、$log(R_\tau)$ 和 $log([R_\tau]^2)$ 的風險中性矩的真實（理論）值，根據模型（7.1）也很容易計算得到，后兩個的理論值見式（8.3）、（8.4），另外兩個為：

$$E(R_\tau) = e^{r\tau}, \quad E(R_\tau^2) = e^{(2r+\sigma^2)\tau} \tag{8.5}$$

由 RME 和 CLM（或 AC08）方法提取得到的風險中性矩的比較結果如表 8.4。

表 8.4　　　RME 和 CLM 方法得到的風險中性矩的比較

| Methods / Moments | True (Theoretical) Value | RME (Growth Rate 6%) | CLM (Growth Rate 6%) | RME (Growth Rate 100%) | CLM (Growth Rate 100%) |
|---|---|---|---|---|---|
| $E(R_\tau)$ | 1.000,80 | 1.000,80 | 1.000,80 | 1.000,80 | 1.000,80 |
| $E(R_\tau)^2$ | 1.003,74 | 1.003,74 | 1.003,41 | 1.003,75 | 1.003,44 |
| $E[log(R_\tau)]$ | -2.66e-004 | -2.66e-004 | -1.17e-004 | -2.66e-004 | -0.99e-004 |

---

[①] 第四章第六節中指出，AC08 與 CLM 的方法論（methodology）是一致的，主要差別體現在生成標的資產價格路徑時，是否為風險中性，以及其他的小細節；但得到的用以計算對數收益矩的風險中性分佈是一樣的，因此此處只使用 CLM 做比較。

表8.4(續)

| Methods<br>Moments | True<br>(Theoretical)<br>Value | RME<br>(Growth<br>Rate 6%) | CLM<br>(Growth<br>Rate 6%) | RME<br>(Growth<br>Rate 100%) | CLM<br>(Growth<br>Rate 100%) |
| --- | --- | --- | --- | --- | --- |
| $E[log(R_\tau)]^2$ | 2.13e-003 | 2.13e-003 | 1.83e-003 | 2.13e-003 | 1.80e-003 |

註：該表表達的是不同方法與漂移率下，收益與對數收益的前兩個風險中性矩計算結果（在對應的風險中性概率下的計算結果）。所使用的參數分別設定為：$S_{t_0} = 40$，$r = 0.06$，$\sigma = 0.4$，$T - t_0 = 1$，$\mu_1 = 6\%$，$\mu_2 = 100\%$；模擬的歷史收益和可執行點個數分別為 $H = 365$ 和 $N = 73$。第二列數據為四個風險中性矩 $E(R_\tau)$、$E(R_\tau)^2$、$E[log(R_\tau)]$ 和 $E[log(R_\tau)]^2$ 的理論值；第三、四列數據是在漂移率為6%時分別由 RME 和 CLM 方法得到的風險中性矩估計值；第五、六列數據是在漂移率為100%時分別由 RME 和 CLM 方法得到的風險中性矩估計值。在這個比較中，RME 使用 $\tau$-期對數收益 $log(R_\tau)$ 和 $log([R_\tau]^2)$ 作為約束條件，而 CLM 只使用 $\tau$-期收益 $R_\tau$ 作為約束條件。

所使用的參數分別設定為：$S_{t_0} = 40$，$r = 0.06$，$\sigma = 0.4$，$T - t_0 = 1$，$\mu_1 = 6\%$，$\mu_2 = 100\%$；模擬的歷史收益和可執行點個數分別為 $H = 365$ 和 $N = 73$。第二列數據為四個風險中性矩 $E(R_\tau)$、$E(R_\tau)^2$、$E[log(R_\tau)]$ 和 $E[log(R_\tau)]^2$ 的理論值；第三、四列數據是在漂移率為6%時分別由 RME 和 CLM 方法得到的風險中性矩估計值；第五、六列數據是在漂移率為100%時分別由 RME 和 CLM 方法得到的風險中性矩估計值。在這個比較中，我們的 RME 使用 $\tau$-期對數收益 $log(R_\tau)$ 和 $log([R_\tau]^2)$ 作為約束條件，而 CLM 只使用 $\tau$-期收益 $R_\tau$ 作為約束條件。

表8.4 意在比較 RME 和 CLM 提取風險中性矩的準確性。后者（CLM）僅使用一個鞍約束 $E(R_\tau) = e^{r\tau}$，而沒有將一個重要因素——波動率 $\sigma$ 考慮進去（因在該唯一約束條件中不含波動率），因此除了約束條件 $E(R_\tau)$ 本身外，可能會導致其他三個（即 $R_\tau^2$，$log(R_\tau)$ 和 $log([R_\tau]^2)$）矩估計值與理論值之間的誤差。從表8.4可以看出，由 CLM 方法計算的 $R_\tau^2$，$log(R_\tau)$ 和 $log([R_\tau]^2)$ 三個矩，在一定程度上均偏離其真實值，尤其是對 $log(R_\tau)$ 和 $log([R_\tau]^2)$ 兩者的矩（該兩個矩在我們 RME 方法中作為約束條件）計算值，偏差較大，無論是對6%的漂移率還是100%的漂移率。反觀 RME，在6%和100%兩種漂移率情況下，由 RME 方法計算得到的四個矩計算值，幾乎均與其對應的真實值一樣，對 $E(R_\tau)$（這個矩約束是 CLM 方法中唯一的一個約束條件）的計算值也與其真實值（1.000,80）一致。RME 方法能夠精確提取波動率 $\sigma$ 的影響，實際上從（8.3）、（8.4）也可看出，$log(R_\tau)$ 和 $log([R_\tau]^2)$ 的兩個矩是包含波動率因素的。

總之，表 8.3 和表 8.4 表明，提出的 RME 方法能夠準確地提煉出所有以上 4 個風險中性矩，包括 CLM 方法使用的矩 $E(R_\tau)$；然而，CLM 方法僅僅保證了已經是作為約束的矩 $E(R_\tau)$ 的準確性，對於其他 3 個風險中性矩的提取存在一定的偏差。另外值得注意的是，RME 方法實際上將 CLM（或 AC08）方法作為它的特例，因為 RME 能夠準確提取對數收益 $log(R_\tau)$ 的前兩個風險中性矩，於是利率 $r$ 和波動率 $\sigma$ 被正確估計，而 CLM 只能夠通過唯一的約束正確估計出 $r$。

### 四、風險中性定價測度的進一步解釋

為進一步說明 RME 方法得到的風險中性概率分佈確是「風險中性」的，在第二個模擬實驗中，將得到的部分風險中性概率以及其卷積分佈分別用圖形描繪出來，對得到的圖形進行解釋。

第二個實驗中，對於標的價格為 $S_{t_0} = 40$ 分別使用 6% 和 100% 的漂移率得到的風險中性概率 $\pi_k^{*(1)}$ 和 $\pi_k^{*(2)}$ ($k = 1, 2, \cdots, 365$) 見圖 8.1。

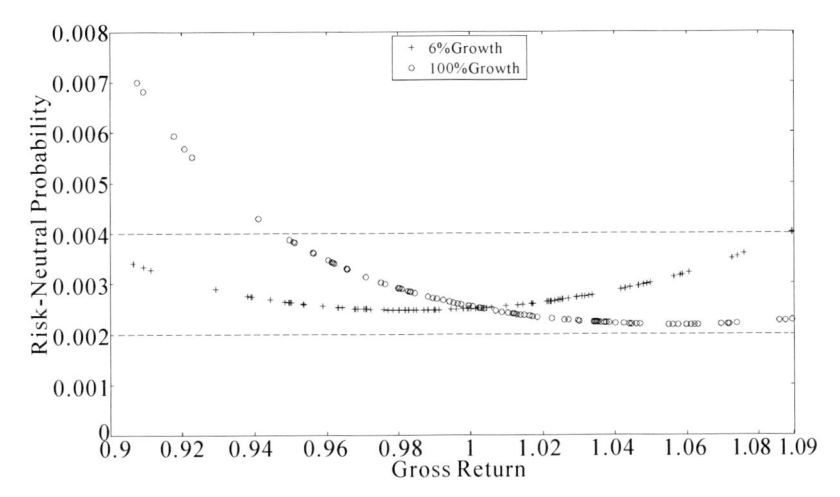

**圖 8.1** 基於 GBM 運動、標的價格為 40、分別對應於漂移率為 6% 和 100% 的風險中性概率（RNP）。為清晰之便，圖中僅描出五分之一（73 個點，共 365 個）的收益對應的 RNP

在圖 8.1 中，當漂移率為 6% 時，每個收益（gross return）所對應的風險中性概率都約等於 0.027,4（即 1/365）。這恰好符合我們的預期；由於使用的漂移率 $\mu_1 = 6\%$ 正好等於無風險利率 $r$，於是生成的收益是在風險中性中模擬

得到的，這 365 個收益就是中性的，它們的概率應該是均勻分佈，即應都等於 1/365。而當漂移率設為 $\mu_1 = 6\%$ 時，圖中顯示其概率值是遞減的，這也很容易理解，即為了提供風險中性測度，較低的收益需要賦予較高的發生概率，較高的收益則需要賦予較低的發生概率。

如果兩個概率分佈是風險中性的，它們對應的卷積函數（概率卷積）應該是一致的，因為這兩個風險中性分佈都是標的資產收益的分佈。為進一步說明我們得到的概率分佈是風險中性概率分佈，圖 8.2 描繪了對應於 6% 和 100% 漂移率的標的資產收益的風險中性卷積分佈。相應的兩組標的收益，分別從 365 個已知的（事先模擬生成的）收益 $R_\tau^{*(1)}$ 和 $R_\tau^{*(2)}$ 以風險中性概率 $\pi^{*(1)}$ 和 $\pi^{*(2)}$ 從中產生。

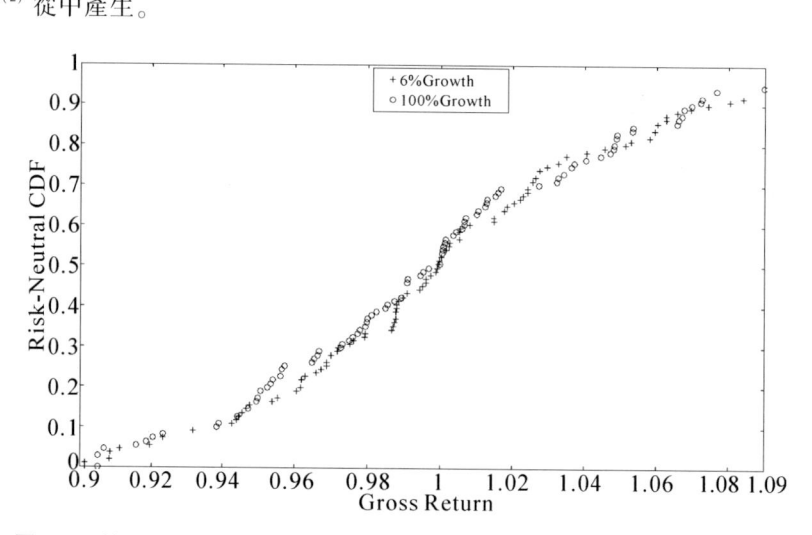

圖 8.2 基於 GBM 運動、標的資產價格為 40、分別對應於漂移率為 6% 和 100% 的風險中性卷積函數（CDF）。為清晰之便，圖中僅描出五分之一（73 個點，共 365 個）的收益對應的 CDF

從圖 8.2 中可以看出，此兩組概率卷積分佈圖形幾乎是重疊的，正好說明所得到的兩組概率分佈均為「風險中性」的。

## 五、樣本路徑生成與最優執行決策

本小節討論的是基於 RME 方法得到的風險中性定價測度及估計風險中性矩的準確性，在得到風險中性定價測度之後，需要生成風險中性標的價格路徑，進而對（美式）期權確定最優的執行時間，最后為期權給出定價。接下

來將模擬出風險中性價格路徑、確定期權最優執行策略,以至於給出期權價格公式。

1. 價格路徑的生成

根據表 8.1 的參數值,最后可以由 (7.8)、(7.9) 計算出風險中性概率分佈 $\pi^* = (\pi_1^*, \pi_2^*, \cdots, \pi_H^*)$;再從基於 GBM 模擬得到的 $H = 365$ 個 $\tau$-期歷史收益 $R_1, R_2, \cdots, R_H$ 中,根據風險中性概率分佈隨機產生 $M \times N$($M$ 與 $N$ 分別表示價格路徑與可執行點個數)的 $\tau$-期收益樣本矩陣 $(R_i^{(k)})_{M \times N}$($i = 1, 2, \cdots, N$,$k = 1, 2, \cdots, M$),其中 $R_i^{(k)}$ 表示第 $k$ 條路徑上第 $(i-1)$ 個可執行點與第 $i$ 個可執行點之間的收益。對於兩個模擬實驗,$M$ 與 $N$ 有所不同:在第一個實驗(主要是為了與 AC08 比較)中,$M$ 等於 10,000,$N$ 則分別選擇 1,5,10,20,50,70,100;第二個實驗(為了與 CLM 比較)中,$M$ 等於 10,000,$N$ 選擇為 73。

於是產生了 $M$ 條標的價格樣本路徑,每條路徑均有 $N$ 個可執行時刻 $t_1$,$t_2, \cdots, t_N = T$。

由於是直接按照風險中性概率 $\pi^* = (\pi_1^*, \pi_2^*, \cdots, \pi_H^*)$ 產生的,所以此樣本路徑自然就是風險中性的:$S_1^{(k)} = S_0 R_1^{(k)}$,$S_i^{(k)} = S_{i-1}^{(k)} R_i^{(k)} = S_0 \prod_{j=1}^{i} R_j^{(k)}$,$(i = 1, 2, \cdots, N)$。

2. 最優執行點的確定

至於(美式)期權最優執行點的選擇,將採用 Longstaff 和 Schwartz (2001) 的最小二乘方法(least-squares method),且我們使用的基函數為 $L_j(S) = \{L_0(\frac{S_i}{K}) = 1, L_1(\frac{S_i}{K}) = 2(\frac{S_i}{K}) - 1, L_2(\frac{S_i}{K}) = 6(\frac{S_i}{K})^2 - 6(\frac{S_i}{K}) + 1\}$。

對每一條路徑 $k(k = 1, 2, \cdots, M)$,考慮到期時刻 $t_N = T$ 的現金流(期權收益)$CF_N$,再將其貼現至前一時刻 $t_{N-1}$ 得到貼現值 $DisCF_{N-1} = CF_N \cdot e^{-\int_{t_{N-1}}^{t_N} r(s)ds}$;基於一組基函數 $L_j(S)$ 對期權處於實值狀態的路徑貼現值 $DisCF_{N-1}$ 進行迴歸,得到迴歸函數 $CV_{N-1} = \sum_j \alpha_{N-1, j} L_j(S)$($\alpha_{N-1, j}$ 是迴歸係數),將處在實值路徑 $k$ 的標的價格 $S_{N-1}^{(k)}$ 代入迴歸方程便可得到在第 $t_{N-1}$ 時點的繼續持有價值 $CV_{N-1}^{(k)}$;最后同此時點 $t_{N-1}$ 的立即執行價值做比較,當繼續持有價值小於立即執行價值時,將立即執行價值作為期權處於實值路徑 $k$、在時刻 $t_{N-1}$ 的現金流 $CF_{N-1}$,否則后一期 $t_N$ 時刻的貼現值 $DisCF_{N-1}$ 作為時刻 $t_{N-1}$ 的現金流 $CF_{N-1}$。這樣一來,可以確定最優的執行時刻,分別記第 $k$ 條路徑上看漲期權的最優執行時刻為 $t_{OptmCall}^{(k)}$,看跌期權的最優執行時刻為 $t_{OptmPut}^{(k)}$($k = 1, 2, \cdots, M$)。

3. 期權價格公式

於價格樣本路徑已經是風險中性的，最后只需要對所有路徑上期權的貼現現金流進行算術平均，可分別得到美式看漲、看跌期權的價格：

$$C_{t_0}(T, K) = \sum_{k=1}^{M} \frac{1}{M} \left( \frac{[S_0 \prod_{i=1}^{t_{OptmCall}^{(k)}} R_i^{(k)} - K]^+}{exp[r(t_{OptmCall}^{(k)} - t_0)]} \right)$$

$$P_{t_0}(T, K) = \sum_{k=1}^{M} \frac{1}{M} \left( \frac{[K - S_0 \prod_{i=1}^{t_{OptmPut}^{(k)}} R_i^{(k)}]^+}{exp[r(t_{OptmPut}^{(k)} - t_0)]} \right)$$

## 第三節　定價結果分析及同其他基準方法比較

第二節詳細闡述了基於模擬環境下的 RME 方法對期權定價的過程，包括模擬生成歷史收益與期權價格數據、推導出風險中性定價測度、直接產生風險中性價格路徑以及確定最優執行時點；同時還使用第二個實驗中的參數檢驗了 RME 定價過程中提取風險中性矩、得出風險中性定價測度的能力，並加以同基準方法 CLM（AC08）進行比較。這一節將分析在該模擬市場下，RME 方法對兩個實驗的定價結果，及其同基準方法的比較。

本節用到幾個記號：

DOTM：虛值（out-of-the-money），moneyness[①] 等於 1.1；

ATM：平值（at-the-money），moneyness 等於 1；

DITM：實值（in-the-money），moneyness 等於 0.9；

MPE：平均百分誤差（mean percentage error）；

MSE：均方誤差（mean-square error）；

MAPE：平均絕對百分誤差（mean absolute percentage error）。

### 一、第一個實驗：定價結果分析與比較

1. RME 方法定價結果分析

給定表 8.1 中第一個實驗的參數值，就可以使用由（7.8）、（7.9）得到的風險中性定價測度 $\pi^* = (\pi_1^*, \pi_2^*, \cdots, \pi_H^*)$，進而通過 LSM 算法為美式看漲與看跌期權進行定價。

---

[①] 對於看漲期權，moneyness 定義為 $S_{t_0}/K$；對於看跌期權，moneyness 定義為 $K/S_{t_0}$。

本章是基於 Black-Scholes 環境對 RME 方法進行檢驗。我們知道，對基於無紅利支付標的資產的美式看漲期權，不會被提前執行，因此可以使用 B-S 期權定價公式計算該美式看漲期權價格，記為看漲期權的真實價值；而對於美式看跌期權，由於沒有解析解可得，通常可以使用有限差分法（finite-difference，FD）給出其價格，我們使用 Crank-Nicolson（800×800 格）有限差分法得到一個價格，作為看跌期權的「真實」價值。根據第二節闡述的定價具體過程，下表 8.5、表 8.6 給出了由 RME 方法產生的、基於 800 次獨立模擬實驗的美式看漲與看跌期權平均價格。

**表 8.5 三個 moneyness 水平（$S_{t_0}/K = 0.9, 1.0, 1.1$）下美式看漲期權的平均價格**

| $N \swarrow, S_{t_0}/K \searrow$ | 0.9 | 1 | 1.1 |
|---|---|---|---|
| 1 | 1.124,5 | 2.893,7 | 5.256,6 |
| 5 | 1.108,1 | 2.870,2 | 5.260,3 |
| 10 | 1.104,5 | 2.866,9 | 5.260,1 |
| 20 | 1.100,3 | 2.863,0 | 5.258,9 |
| 50 | 1.100,8 | 2.860,3 | 5.257,5 |
| 70 | 1.101,8 | 2.861,6 | 5.256,0 |
| 100 | 1.102,4 | 2.860,8 | 5.259,1 |
| Black-Scholes Formula | 1.102,0 | 2.862,4 | 5.257,6 |

註：第一列代表執行點個數，其他列數字表示對不同組合「momyness 和執行點個數（$S_{t_0}/K$, $N$）」下的期權平均價格，每一個組合下的數字均基於 800 次獨立的模擬實驗（標的價格路徑模擬）。該模擬定價是在 Black-Scholes 設置下，使用參數為 $S_{t_0} = 40$, $\mu = 0.10$, $\sigma = 0.2$ 及 $T - t_0 = 0.5$。最後一行是對應三個 moneyness 水平的美式看漲期權（標的無紅利支付）真實價格，使用 Black-Scholes 公式計算得到，其中使用的無風險利率 $r = 0.06$。

**表 8.6 三個 moneyness 水平（$K/S_{t_0} = 0.9, 1.0, 1.1$）下美式看跌期權的平均價格**

| $N \downarrow, K/S_{t_0} \rightarrow$ | 0.9 | 1 | 1.1 |
|---|---|---|---|
| 1 | 0.466,7 (0.476,9) | 1.711,0 (1.680,2) | 3.960,1 (3.924,5) |
| 5 | 0.494,2 | 1.783,2 | 4.276,1 |
| 10 | 0.497,6 | 1.790,8 | 4.298,0 |
| 20 | 0.500,2 | 1.794,2 | 4.307,8 |
| 50 | 0.502,0 | 1.795,4 | 4.314,0 |
| 70 | 0.502,0 | 1.796,1 | 4.313,3 |

表8.6(續)

| $N\downarrow$ , $K/S_{t_0}\rightarrow$ | 0.9 | 1 | 1.1 |
|---|---|---|---|
| 100 | 0.501,6 | 1.796,6 | 4.314,1 |
| Crank-Nicolson Finite Difference | 0.499,3 | 1.796,5 | 4.319,0 |

註：第一列代表執行點個數，其他列數字表示對不同組合「momyness 和執行點個數（$K/S_{t_0}$, $N$）」下的期權平均價格，每一個組合下的數字均基於 800 次獨立的模擬實驗（標的價格路徑模擬）。該模擬定價是在 Black-Scholes 設置下，使用參數為 $S_{t_0}=40$, $\mu=0.10$, $\sigma=0.2$ 及 $T-t_0=0.5$。第二行中括號內的數值是該期權對應的歐式期權 Black-Scholes 價格；最后一行是對應三個 moneyness 水平的美式看跌期權（標的無紅利支付）「真實」價格，使用 Crank-Nicolson（800×800 Grid）finite difference 計算，作為其「真實」價格，其中使用的無風險利率 $r=0.06$。

表 8.5 和表 8.6 給出了不同組合「moneyness（1.1, 1.0, 0.9）和執行點數（$N=1, 5, 10, 20, 50, 70, 100$）」的美式看漲看跌期權價格，每一個所得的價格是經過 800 次獨立實驗結果后的平均價格。並且在每一次模擬中，均使用 365 個收益（根據（8.4）式生成）產生 $M=10,000$ 條①風險中性價格路徑，每一條路徑由 $N$ 個獨立的 $\tau$-期（$\tau=(T-t_0)/N$）風險中性收益構成。

表 8.5 顯示，對每一個 monyness 水平，由 RME 方法得到的價格均與美式看漲期權「真實」價格（用 Black-Scholes 公式計算得到）非常接近，但其接近程度與 monyness 沒有直接關係。值得指出的是，在每一個 moneyness 下，每一個定價結果的精確度與可執行點個數 $N$ 無關，比如對 moneyness 等於 1.1（DOTM），在 $N$ 為 1、50 和 100 時，定價誤差分別是 0.001,0（=5.256,6-5.257,6）、-0.000,1（=5.257,5-5.257,6）和 0.001,5（=5.259,1-5.257,6），精確度幾乎沒有區別。這正好與我們所期望的一致，即對於基於無紅利支付的美式看漲期權，不會被提前執行，所以無論執行點個數 $N$ 為多少，定價結果應該一樣。

但從表 8.6 看來，對美式看跌期權的定價結果，其精確度則與可執行點個數高度相關，同樣對 moneyness 等於 1.1 來說，$N$ 為 1、50 和 100 時的定價誤差分別為 -0.358,9（=3.960,1-4.319,0）、-0.005,0（=4.314,0-4.319,0）、

---

① 實際上在我們的研究中，可以使用任何多條價格路徑，因為這些路徑可以通過少量（比如 365）的模擬（歷史）收益按照已得的風險中性概率生成；而作為基準方法之一的 AC08 方法則不可行，因為對於所有價格路徑，要生成每一執行點處的價格需要的「歷史」收益數量等於價格路徑條數，如果路徑數量太多就會導致需要的歷史數據過多。因此，AC08 中使用的路徑數 $M$ 為 500、1,000、2,500 和 5,000；但對於我們的這個實驗由於使用歷史數據個數與路徑條數無關，在此選擇 $M$ 為 10,000。另外，我們還使用了 $M$ 等於 5,000 對一些期權定價，發現結果與使用 $M$ 等於 10,000 時相差甚微。

−0.004,9（=3.314,1-4.319,0），定價誤差隨著 N 的增加越來越小，說明該美式看跌期權應該被提前執行為最優，但還要注意到，后兩種情況（N 為 50 和 100）的誤差均甚微，表明當可執行點數量足夠多時不會太影響定價結果。無論哪一種 monyness 下，當 N 等於 1（ATM）時，表中第二行數值可以當著是對應的歐式看跌期權定價結果，可以看出與括號內的 Black-Scholes 看跌期權價格很接近，而與最后一行「真實」價格相差很大。顯然，當 N 從 1 增加到 50 時，價格估計值接近「真實」價格值的程度顯著增加，而從 N 大於 20 時，定價精確度沒有明顯區別。

從以上分析可以看出，在這第一個模擬實驗中：對於美式看漲期權（標的無紅利支付）定價，RME 方法完全可以和 Black-Scholes 期權定價相比；對於美式看跌期權，RME 方法也完全可以與 Crank-Nicolson 有限元方法相比。為更具體分析定價結果並與基準方法 AC08 比較（兩方法使用的參數一致），我們使用三個常用的統計量：MPE，MSE，MAPE① 來度量定價誤差。結果見表 8.7 和表 8.8。

表 8.7 三個 moneyness 水平（$S_{t_0}/K = 0.9, 1.0, 1.1$）下，美式看漲期權價格估計值的 MPE、MSE 和 MAPE

| $N \downarrow , S_{t_0}/K \rightarrow$ | 0.9 | 1 | 1.1 |
|---|---|---|---|
| MPE（Mean percentage error）（%） | | | |
| 1 | 2.038,6 | 1.092,6 | −0.018,6 |
| 5 | 0.552,4 | 0.272,2 | 0.051,5 |
| 10 | 0.225,5 | 0.156,7 | 0.046,8 |
| 20 | 0.087,4 | 0.021,3 | 0.025,0 |
| 50 | −0.105,6 | −0.072,7 | −0.001,3 |
| 70 | −0.016,2 | −0.026,5 | 0.045,1 |
| 100 | 0.032,0 | −0.056,6 | 0.028,3 |
| MSE（Mean-square error） | | | |
| 1 | 0.000,8 | 0.002,1 | 0.001,7 |
| 5 | 0.000,5 | 0.001,3 | 0.001,9 |

---

① MPE 定義為 $\frac{1}{n}\sum_{i=1}^{n}(\frac{p_i^{estimated} - p^{true}}{p^{true}}) \times 100$，MSE 定義為 $\frac{1}{n}\sum_{i=1}^{n}(p_i^{estimated} - p^{true})^2$，MAPE 定義為 $\frac{1}{n}\sum_{i=1}^{n}\frac{|p_i^{estimated} - p^{true}|}{p^{true}} \times 100$。

表8.7(續)

| $N\downarrow$, $S_{t_0}/K\rightarrow$ | 0.9 | 1 | 1.1 |
|---|---|---|---|
| 10 | 0.000,5 | 0.001,2 | 0.001,8 |
| 20 | 0.000,5 | 0.001,2 | 0.001,8 |
| 50 | 0.000,4 | 0.001,1 | 0.001,5 |
| 70 | 0.000,5 | 0.001,3 | 0.001,8 |
| 100 | 0.000,5 | 0.001,3 | 0.001,8 |
| MAPE (Mean absolute percentage error) (%) | | | |
| 1 | 2.253,4 | 1.366,6 | 0.648,7 |
| 5 | 1.666,5 | 1.040,6 | 0.692,2 |
| 10 | 1.691,0 | 0.998,8 | 0.658,7 |
| 20 | 1.748,9 | 1.006,2 | 0.667,2 |
| 50 | 1.576,6 | 0.978,8 | 0.609,7 |
| 70 | 1.661,3 | 1.020,7 | 0.669,8 |
| 100 | 1.697,5 | 1.034,3 | 0.638,1 |

註：這些統計量的數值是期權價格估計值相對其「真實」值（Black-Scholes call prices）所得。標的資產價格是在幾何布朗運動（GBM）環境下生成，使用參數為 $S_{t_0}=40$，$\mu=0.10$，$\sigma=0.2$，且樣本價格路徑數為 10,000 條。表中每一個結果對應一個特殊組合「moneyness 和執行機會」（$S_{t_0}/K$, $N$），每一個組合是基於 800 次獨立實驗所得，這些實驗的價格估計值都是在 GBM 和 10,000 條樣本路徑下所得。

表8.8　三個 moneyness 水平（$K/S_{t_0}=0.9$，1.0，1.1）下，美式看跌期權價格估計值的 MPE、MSE 和 MAPE

| $N\downarrow$, $K/S_{t_0}\rightarrow$ | 0.9 | 1 | 1.1 |
|---|---|---|---|
| MPE (Mean percentage error) (%) | | | |
| 1 | −6.520,9<br>(−2.130,2) | −4.759,1<br>(1.833,3) | −8.310,4<br>(0.906,4) |
| 5 | −1.019,5 | −0.739,1 | −0.993,1 |
| 10 | −0.340,8 | −0.316,6 | −0.485,1 |
| 20 | 0.178,1 | −0.129,0 | −0.260,1 |
| 50 | 0.536,6 | −0.060,5 | −0.114,7 |
| 70 | 0.544,1 | −0.019,9 | −0.132,7 |
| 100 | 0.465,0 | 0.005,2 | −0.112,4 |

表 8.8(續)

| $N\downarrow$, $K/S_{t_0}\rightarrow$ | 0.9 | 1 | 1.1 |
|---|---|---|---|
| MSE（Mean-square error） | | | |
| 1 | 0.471,8<br>(0.096,4) | 0.242,0<br>(0.051,4) | 0.698,5<br>(0.017,7) |
| 5 | 0.000,1 | 0.000,6 | 0.002,5 |
| 10 | 0.000,1 | 0.000,4 | 0.001,0 |
| 20 | 0.000,1 | 0.000,4 | 0.000,7 |
| 50 | 0.000,1 | 0.000,3 | 0.000,5 |
| 70 | 0.000,1 | 0.000,3 | 0.000,6 |
| 100 | 0.000,1 | 0.000,3 | 0.000,5 |
| MAPE（Mean absolute percentage error）（%） | | | |
| 1 | 6.526,2<br>(2.628,1) | 4.759,1<br>(1.961,6) | 8.310,4<br>(1.086,3) |
| 5 | 1.930,5 | 1.165,7 | 1.028,9 |
| 10 | 1.722,3 | 0.906,9 | 0.614,3 |
| 20 | 1.745,3 | 0.863,7 | 0.515,7 |
| 50 | 1.710,0 | 0.834,1 | 0.438,7 |
| 70 | 1.679,5 | 0.856,8 | 0.451,1 |
| 100 | 1.698,9 | 0.830,5 | 0.437,2 |

註：這些統計量的數值是期權價格估計值相對其「真實」值（Crank-Nicolson（800×800 Grid）finite difference put prices）所得。標的資產價格是在幾何布朗運動（GBM）環境下生成，使用參數為 $S_{t_0}=40$, $\mu=0.10$, $\sigma=0.2$，且樣本價格路徑數為 10,000 條。表中每一個結果對應一個特殊組合「moneyness 和執行機會」（$K/S_{t_0}$, $N$），每一個組合是基於 800 次獨立實驗所得，這些實驗的價格估計值都是在 GBM 和 10,000 條樣本路徑下所得。括號中的數表示價格估計值對 Black-Scholes 看跌期權價格的 MPE、MSE、和 MAPE。

對於美式看漲期權，根據表 8.7 的 MPE、MSE、MAPE 數值，恰好與前面的分析結果相符。即對所有的 moneyness，定價誤差確是都與執行機會（執行點）個數 $N$ 無關，因為 $N$ 從 1 到 100 對應的定價誤差沒有明顯差別。MPE 顯示，在每一個 moneyness 下有些定價結果產生正誤差，有些產生負誤差，沒有什麼規律可得。根據 MPE 與 MAPE 結果[1]，每一個組合（$S_{t_0}/K$, $N$）下，正、負定價誤差均存在，因為 MPE 與相應的 MAPE 不相等（由正負偏差互相抵消

---

[1] 由 MPE 和 MAPE 的定義可知，兩者相等意味著 800 次的定價結果都產生同向誤差（即都是正向或都是負向偏差），兩者不等即 800 次結果中有正誤差和負誤差。

導致）。至於統計量 MSE①，每一個 moneyness 下，無論 $N$ 為多少，表中 MSE 值均很小且相差不大；這說明不論 $N$ 為多少，800 次的價格估計值都非常接近（因 MSE 值很小），且計算結果很穩定（因 MSE 值相差不大）。這些都表明 RME 方法的定價結果準確且穩定。從統計量 MAPE② 的結果看來，定價的準確度隨著 moneyness 而增加（MAPE 值越來越小），當期權是 DITM（monyness = 1.1）時，定價誤差達到最小（MAPE 最小），所以從 MAPE 角度看，RME 定價方法隨著 monyness 增加而更加精確。

　　表 8.8 統計了美式看跌期權的定價結果。首先注意到，表中括號內的數表示價格估計值與對應的 Black-Scholes 價格的誤差（因為 $N=1$，可參見表 8.6 括號內的 Black-Scholes 價格）。由於是美式看跌期權，一個很明顯的事實是：定價誤差應該與可執行機會數 $N$ 高度相關。表 8.8 表明幾乎對所有的 moneyness（除了 moneyness = 0.9 情況下，$N$ 從 20 增加到 50），MPE 和 MAPE 都隨著 $N$ 從 1 增加到 50 而顯著改善，並且 $N$ 從 20 開始，MPE 和 MAPE 的表現差不多，這正好與表 8.6 結果相符。另外，在預料之中的是，每一個 moneyness 下的 MPE、MSE 和 MAPE 當 $N$ 等於 1 的時候為最大，並且在期權處於 DITM（moneynes = 1.1）時表現最差，分別達到 -8.310,4%、0.698,5% 和 8.310,4%，而與其相對應的括號內數值分別為 0.906,4%、0.017,7% 和 1.086,3%，因為 $N=1$ 意味著視為歐式期權。另外一個發現就是，在 $N$ 等於 1 的情況下，ATM 和 DITM 看跌期權的 800 次定價結果均低於其「真實」價格（Crank-Nicolson finite difference price），因為 MAPE 與相應的 MPE 值一樣（可參見第 99 頁腳註①），這是因為 $N=1$ 的結果對應歐式看跌期權的價格，比美式看跌期權價格要低。總之，對所有的 moneyness，三個統計量度量的定價誤差均隨著 $N$ 增加而降低。進一步觀察 MPE 與 MAPE 值發現，無論 $N$ 為多少，RME 定價方法對 DITM 期權產生負偏差；同時對除了 $N=100$ 的 ATM 期權也產生負偏差；而且負偏差隨 $N$ 減少。最后檢查 MSE（在 $N$ 大於 5 情況下）值再次得到結論，RME 方法對美式看漲以及看跌期權都非常穩定。

　　基於以上分析，同時考慮表 8.7 和表 8.8 關於美式看漲、看跌期權的結果，有以下結論：總的定價精確度隨 moneyness 單調增加，當期權處於 DITM 下時，其定價誤差最小。

---

　　① 從 MSE 的定義看來，當實際價格很小時，MSE 或許不能夠很好地度量一個定價的誤差，因為 MSE 很小時也可能誤差較大，畢竟真實價格很小。
　　② 在三個統計量中，MAPE 通常被認為能最有效在評價一個定價模型的精確度，這從起定義中也能夠看出。

但是對美式看漲與看跌期權的定價偏差不相同：對美式看跌期權來說，負偏差隨 moneyness 而遞增，而對看漲期權沒有發現類似趨勢，因為每一個 moneyness 起來下正負誤差都出現了。

2. RME 方法與 AC08 方法定價結果的比較

上述是基於模擬環境下 RME 方法的定價結果與分析，現在我們對 RME 定價結果與基準方法——AC08 方法的定價結果（Alcock & Carmichael, 2008）進行比較。

關於兩者的比較，先有幾點需要說明。AC08 使用兩個統計量 MPE 和 MSE 來度量定價誤差，並且 MPE 值和 MSE 值是基於 1,000 次模擬所得；其次，AC08 考慮了 4 種路徑條數（$M$ = 500, 1,000, 2,500, 5,000），我們採用 $M$ = 10,000 與 AC08 的 $M$ = 5,000 對應的定價結果進行比較（參見第 98 頁腳註①）；另外，AC08 還考慮了 6 種可執行機會（$N$ = 1, 2, 5, 10, 20, 50），我們比較了 $N$ = 1, 5, 10, 20, 50 這 5 種情況下的定價。這些比較結果見下表 8.9 和表 8.10。

表 8.9 三種 moneyness（$S_{t_0}/K$ = 0.9, 1.0, 1.1）下美式看漲期權定價方法比較

| Method | RME | | | AC08 | | |
|---|---|---|---|---|---|---|
| $N\downarrow$, $S_{t_0}/K\rightarrow$ | 0.9 | 1.0 | 1.1 | 0.9 | 1.0 | 1.1 |
| MPE（Mean percentage error）（%） | | | | | | |
| 1 | 2.039 | 1.093 | −0.019 | −1.973 | −0.789 | −0.273 |
| 5 | 0.552 | 0.272 | 0.052 | −1.561 | −0.653 | −0.212 |
| 10 | 0.226 | 0.157 | 0.047 | −1.471 | −0.570 | −0.122 |
| 20 | 0.087 | 0.021 | 0.025 | −0.783 | −0.149 | 0.219 |
| 50 | −0.106 | −0.073 | −0.001 | −1.572 | −0.654 | −0.070 |
| MSE（Mean-square error） | | | | | | |
| 1 | 0.000,8 | 0.002,1 | 0.001,7 | 0.001,4 | 0.001,6 | 0.000,6 |
| 5 | 0.000,5 | 0.001,3 | 0.001,9 | 0.001,1 | 0.001,3 | 0.000,5 |
| 10 | 0.000,5 | 0.001,2 | 0.001,8 | 0.001,1 | 0.001,3 | 0.000,4 |
| 20 | 0.000,5 | 0.001,2 | 0.001,8 | 0.000,9 | 0.001,2 | 0.000,7 |
| 50 | 0.000,4 | 0.001,1 | 0.001,5 | 0.001,1 | 0.001,6 | 0.000,5 |

註：該表使用統計量 MPE 和 MSE 來反應 RME 和 AC08（Alcock & Carmichael, 2008）對美式看漲期權定價的比較。對兩種定價方法，標的資產價格都是在同一個 GBM（$S_{t_0}$ = 40, $\mu$ = 0.10, $\sigma$ = 0.20）下模擬；但在生成價格樣本路徑時，RME 生成 10,000 條路徑，而 AC08 採用了 5,000 條；每一個結果對應一個特點的組合「moneyness 和執行機會數」（$S_{t_0}/K$, $N$），在 RME 定價中每一個組合基於 800 次獨立模擬實驗，而 AC08 方法採用了 1,000 次獨立實驗。

表 8.10　三種 moneyness ($K/S_{t_0}$ = 0.9, 1.0, 1.1) 下美式看跌期權定價方法比較

| Method | RME | | | AC08 | | |
|---|---|---|---|---|---|---|
| $N\downarrow$, $K/S_0 \rightarrow$ | 0.9 | 1.0 | 1.1 | 0.9 | 1.0 | 1.1 |
| MPE (Mean percentage error) (%) | | | | | | |
| 1 | −6.521 | −4.759 | −8.310 | −7.278 | −7.758 | −9.626 |
| 5 | −1.020 | −0.739 | −0.993 | −2.832 | −1.845 | −1.280 |
| 10 | −0.341 | −0.317 | −0.485 | −2.145 | −1.194 | −0.663 |
| 20 | 0.178 | −0.129 | −0.260 | −1.756 | −1.169 | −0.552 |
| 50 | 0.537 | −0.061 | −0.115 | −1.256 | −0.613 | −0.058 |
| MSE (Mean-square error) | | | | | | |
| 1 | 0.471,8 | 0.242,0 | 0.698,5 | 0.001,7 | 0.020,6 | 0.173,9 |
| 5 | 0.000,1 | 0.000,6 | 0.002,5 | 0.000,5 | 0.001,6 | 0.003,6 |
| 10 | 0.000,1 | 0.000,4 | 0.001,0 | 0.000,4 | 0.001,0 | 0.001,4 |
| 20 | 0.000,1 | 0.000,4 | 0.000,7 | 0.000,3 | 0.001,0 | 0.001,1 |
| 50 | 0.000,1 | 0.000,3 | 0.000,5 | 0.000,3 | 0.000,7 | 0.000,6 |

註：該表使用統計量 MPE 和 MSE 來反應 RME 和 AC08（Alcock & Carmichael，2008）對美式看跌期權定價的比較。對兩種定價方法，標的資產價格都是在同一個 GBM（$S_{t_0}$ = 40, $\mu$ = 0.10, $\sigma$ = 0.2）下模擬；但在生成價格樣本路徑時，RME 生成 10,000 條路徑，而 AC08 採用了 5,000 條；每一個結果對應一個特點的組合「moneyness 和執行機會數」($K/S_{t_0}$, $N$)，在 RME 定價中每一個組合基於 800 次獨立模擬實驗，而 AC08 方法採用了 1,000 次獨立實驗。

首先，有一點與預期不相符的是表 8.10 顯示，不像 RME 方法的結果，AC08 方法對美式看跌期權定價展現出一致的負偏差，且對美式看漲期權也幾乎都出現負誤差，除了 $N$ = 20 時的 DITM 看漲期權（此時的 MPE = 0.219%）之外；其次，與 RME 的美式看漲期權定價一樣，AC08 方法下的 MPE 表明定價誤差基本隨 moneyness 遞增而遞減，而對於 MPE 和 MSE，它們均同可執行點個數 $N$ 沒有直接的關係。再者，表 8.9 也顯示，在 RME 方法所得的 15 個 MPE 值中，只有 2 個值略高於 AC08 方法中對應的 MPE 值，其餘 13 個 MPE 則明顯優於對應的 AC08 中的 MPE 值，尤其是對 DITM 期權，比如 RME 中（$N$ = 1，moneyness = 1.1）的 MPE 值為 −0.019% 對應 AC08 中的 −0.273%；（$N$ = 20，moneyness = 1.1）的 MPE 值為 0.025% 對應 AC08 中的 0.219%；至於統計量 MSE 的「表現」，也類似於 MPE。對於美式看漲期權的定價，總的來說，RME 方法明顯優於 AC08 方法。

再比較美式看跌期權的定價。首先兩種方法有著共同點：定價誤差的大小與執行機會數 $N$ 高度相關，且基本隨 $N$ 增加而變小；特別地，當 $N$ 從 1 增加到

5時，定價的誤差均迅速減小。同時表 8.10 也告訴我們，無論 $N$ 為多少，MPE 值顯示 RME 方法對 ATM 和 DITM 看跌期權產生負偏差定價，而 AC08 方法則對所有的 moneyness 下的期權均出現負誤差定價。為了更好地比較 RME 和 AC08 方法的定價效果，我們選擇三個 $N$ 值（$N = 10$，20，50；因為對於美式看跌期權，$N$ 值過小情況下的定價結果並不能夠說明哪種方法優劣），會發現 RME 的優勢更明顯：除了一個組合（$N = 50$，moneyness = 1.1）之外，RME 下的所有其他組合對應的 MPE 均明顯優於 AC08 方法下相應的 MPE，例如，組合（$N = 20$，moneyness = 1.0）下，RME 的 MPE 為 $-0.129\%$，AC08 方法對應的 MPE 則為 $-1.169\%$，說明 RME 的定價誤差小於 AC08 下的定價誤差。而且，在所選擇的三個 $N$ 值（$N = 10$，20，50）下，每一個組合下 RME 方法得到的 MSE 都非常小，相對 AC08 方法占絕對優勢。

總之，通過以上對美式看漲與看跌期權定價結果的比較分析，在模擬市場中，RME 方法能夠為看漲、看跌兩類期權給出相當精確（主要通過 MPE 和 MSE 來度量誤差）的價格；而且該 RME 方法更優於 AC08。除此之外，RME 的定價誤差均很小，每一次的模擬結果都很穩定。而且，RME 方法在選擇「歷史」數據（即歷史收益）時很靈活，無需太多的數據，但 AC08 方法卻有著很大的局限性（參見第 88 頁腳註①）。

## 二、第二個實驗：定價結果分析與比較

在第一個實驗中，分析了 RME 方法的定價結果，同時還比較了 RME 與基準方法 AC08 方法的定價效果。在第二個實驗中，我們首先提供使用 RME 方法對美式看漲、看跌期權的定價結果，這些結果是基於與 CLM（Liu，2010）一樣的數據，數據在表 8.1 第二行給出；接著再對 RME 方法與 CLM 方法的定價結果進行比較。

1. RME 方法定價結果分析

下表是 RME 和 CLM 對美式看漲、看跌期權的定價結果。見表 8.11 和表 8.12。表中每一個價格估計值，都是在 Black-Scholes 環境下經過 5 次獨立的模擬計算所得的平均價格。每一次的獨立模擬實驗中，產生 10,000 條價格路徑，並且每條路徑被割分為 $N = 73$ 個均等執行機會，也就是每條路徑由 $N$ 個 $\tau$-期（$\tau = (T - t_0)/N = 1/73$）風險中性價格構成①。

---

① 與基準方法 CLM 稍微有一點不同的是，RME 採用 5 天收益生成價格路徑、5 次獨立模擬；而 Liu（2010）則使用 1 天（日）收益數據、3 次獨立模擬。但是這兩種方式對定價結果並不產生多大的影響（我們對個別期權做過檢驗）。

表 8.11　五種標的價格 ($S_{t_0}$ = 36, 38, 40, 42, 44) 下對應的美式看漲期權平均價格

| Method↓ | Asset Price | Black–Scholes Formula | Growth Rate $\mu_1 = 6\%$ | Difference (%) | AD (%) | Growth Rate $\mu_1 = 100\%$ | Difference (%) | AD (%) |
|---|---|---|---|---|---|---|---|---|
| RME | 36 | 5.041 | 5.013 | −0.555 | 0.555 | 5.029 | −0.238 | 0.238 |
|  | 38 | 6.164 | 6.123 | −0.665 | 0.665 | 6.151 | −0.211 | 0.211 |
|  | 40 | 7.389 | 7.357 | −0.433 | 0.433 | 7.376 | −0.176 | 0.176 |
|  | 42 | 8.708 | 8.653 | −0.632 | 0.632 | 8.679 | −0.333 | 0.333 |
|  | 44 | 10.112 | 10.065 | −0.465 | 0.465 | 10.092 | −0.198 | 0.198 |
| CLM | 36 | 5.041 | 5.076 | 0.694 | 0.694 | 5.074 | 0.655 | 0.655 |
|  | 38 | 6.164 | 6.186 | 0.357 | 0.357 | 6.201 | 0.600 | 0.600 |
|  | 40 | 7.389 | 7.426 | 0.501 | 0.501 | 7.458 | 0.934 | 0.934 |
|  | 42 | 8.708 | 8.730 | 0.253 | 0.253 | 8.723 | 0.172 | 0.172 |
|  | 44 | 10.112 | 10.169 | 0.564 | 0.564 | 10.158 | 0.455 | 0.455 |

註：前兩列數字分別代表資產價格和對應的 Balck–Scholes 價格（標的資產價格和對應的估計價格，每一個數字代表一個特定的組合「(growth，資產價格)」（$\mu$, $S_{t_0}$）。第 3 列和第 6 列分別為 6% 和 100% 漂移率下兩種方法的估計價格，每一個數字代表一個特定的組合「(growth，資產價格)」（$\mu$, $S_{t_0}$）。第 4 列和第 7 列是相應的價格估計值與 Black–Scholes 價格的差異，這個價格差異計算為「$\dfrac{(estimates - BSPrice)}{BSPrice} \times 100\%$」。第 5 列和第 8 列是相應的價格估計值與 Black–Scholes 價格的絕對差異，這個價格差異計算為「$\dfrac{|estimates - BSPrice|}{BSPrice} \times 100\%$」。對 RME 方法，每一個估計價格是在 Black–Scholes 環境下基於 5 次獨立（標的價格）模擬的結果平均價格，使用的參數為 $K$ = 40, $\sigma$ = 0.20, $T - t_0$ = 1, $\mu_1$ = 6%, $\mu_2$ = 100%。每一個獨立的模擬產生 10,000 條價格路徑，每一條路徑由 73 個執行點組成。

表 8.12　五種標的價格（$S_{t_0}$ = 36, 38, 40, 42, 44）下對應的美式看跌期權平均價格

| Method ↓ | Asset Price | Crank–Nicolson Finite Difference | Growth Rate $\mu_1 = 6\%$ | Difference (%) | AD (%) | Growth Rate $\mu_1 = 100\%$ | Difference (%) | AD (%) |
|---|---|---|---|---|---|---|---|---|
| RME | 36 | 7.109 | 7.094 | −0.211 | 0.211 | 7.091 | −0.253 | 0.253 |
|  | 38 | 6.154 | 6.139 | −0.244 | 0.244 | 6.145 | −0.146 | 0.146 |
|  | 40 | 5.318 | 5.305 | −0.244 | 0.244 | 5.301 | −0.320 | 0.320 |
|  | 42 | 4.588 | 4.575 | −0.283 | 0.283 | 4.575 | −0.283 | 0.283 |
|  | 44 | 3.953 | 3.941 | −0.304 | 0.304 | 3.945 | −0.202 | 0.202 |
| CLM | 36 | 7.109 | 7.145 | 0.506 | 0.506 | 7.138 | 0.407 | 0.407 |
|  | 38 | 6.154 | 6.195 | 0.666 | 0.666 | 6.167 | 0.211 | 0.211 |
|  | 40 | 5.318 | 5.364 | 0.865 | 0.865 | 5.360 | 0.789 | 0.789 |
|  | 42 | 4.588 | 4.596 | 0.174 | 0.174 | 4.598 | 0.217 | 0.217 |
|  | 44 | 3.953 | 3.992 | 0.987 | 0.987 | 3.980 | 0.683 | 0.683 |

註：前兩列數字分別代表資產價格和對應的 Crank–Nicolson（800×800 Grid）Finite Difference（r = 0.06，作為「真實」價格）。第 3 列和第 6 列分別為 6% 和 100% 漂移率下兩種方法的估計價格，每一個數字代表一個特定的組合「（growth，資產價格）」$(\mu, S_{t_0})$。第 4 列和第 7 列是相應的價格估計值與「真實」價格的差異，這個價格差異計算為 $\left|\frac{estimates - FDPrice}{FDPrice}\right| \times 100\%$。第 5 列和第 8 列是相應的價格估計值與「真實」（標的價格）模擬的結果平均價格，其中異計算為 $\left|\frac{estimates - FDPrice}{FDPrice}\right| \times 100\%$。對 RME 方法，每一個估計價格是基於 5 次獨立（標的價格）模擬的結果平均價格，每一個獨立的模擬產生 10,000 條模擬路徑，每一條價格路徑經由 73 個執行點組成。其中使用的參數為 K = 40, $\sigma$ = 0.20, $T - t_0$ = 1, $\mu_1$ = 6%, $\mu_2$ = 100%。

CLM 一欄的數據來自 Liu (2010)。

从表 8.11 可以看出，RME 定價結果無論是在 6%或者 100%的 growth rate 情況下，對看漲期權均產生負偏差。對於 5 種標的資產價格，RME 方法得到的看漲期權價格非常接近其真實價格（Black-Scholes price），無論增長率（漂移率）為 6%還是 100%。RME 方法得到的估計價格與真實價格 Black-Scholes 之間的絕對差別（即 absolute value of difference，簡記為 AD），在所有的 10 個 AD 中，最大的為 0.665%（對應的 growth rate = 6%，$S_{t_0}$ = 38）而最小的差異僅為 0.176%（對應 growth rate = 100%，$S_{t_0}$ = 40）。更重要的是，從整個定價結果來看，RME 方法給出的估計價格與 growth rate 無關，即便是對現實中幾乎不可能的 growth rate = 100%的情況，這說明 RME 得到的價格確是「中性」的；但從各自的 AD 來看，在 growth rate 為 6%情況下，RME 的看漲期權定價誤差略高於 growth rate 為 100%情況下相應的定價誤差，不過這也不很奇怪，畢竟兩種情況下的誤差都非常小，最壞的對比不過是前者的 -0.665%對應後者的 -0.211%，而它們對應的估計價格分別為 6.123 和 6.151，相差不大。

表 8.12 反應的是美式看跌期權的定價結果。與看漲期權定價結果一樣，RME 方法在兩種 growth rate 情況下也都產生負的定價誤差；而且 RME 對看跌期權的定價誤差更小，或者說 RME 對看跌期權的定價更精確。用 AD 來的度量的話，最大的誤差是 0.320%（growth rate = 100%，$S_{t_0}$ = 40）。但是與看漲期權結果不同的是，RME 對看跌期權的定價誤差，在 growth rate 為 6%和 100%的兩種情況下，沒有絕對的優劣之分。比如在 $S_{t_0}$ = 36 時，6% growth rate 下的 AD 為 0.211%而對應 100% growth rate 的 AD 為 0.253%，前者優於後者；而在 $S_{t_0}$ = 38 時，前者的 AD 為 0.244%，後者為 0.146%，後者優於前者。最後，從對看跌期權定價的 AD 來看，對於兩個 growth rate，它們的誤差都很小，這與看漲期權的分析結果一致，進一步說明了 RME 定價方法得到的價格確實與 growth rate 無關，這恰好與圖 8.2 的調查結果完全相符。

2. RME 方法與 CLM 方法定價結果的比較

表 8.11 和表 8.12 同時還給出了 CLM 方法的定價結果，於是我們可以在此基礎上，使用 AD 作為評判價格誤差的標準，用以比較兩種方法的定價精確度。

對美式看漲、看跌期權分別有 10 個 AD 值，6%的 growth rate 和 100%的 growth rate 各 5 個。顯而易見的是，在所有的 20 個 AD 中，RME 得到的 AD 中有 15 個比 CLM 得到的 AD 要小，甚至小很多；只有在標的價格為 42 時，RME 的 AD 才比 CLM 得到的 AD 略高，同時對標的價格為 38 的看漲期權，RME 的 AD 也高於 CLM 的 AD 值。這 5 個 RME 的 AD 也僅是稍微高於 CLM 的 AD，分

别是 0.665% 對應 0.357%，0.632% 對應 0.253%，0.333% 對應 0.172%，0.283% 對應 0.174%，0.283% 對應 0.217%；它們對應的估計價格分別 6.123 對應 6.186（真實價格 6.164），8.653 對應 8.730（真實價格 8.708），8.679 對應 8.723（真實價格 8.708），4.575 對應 4.596（真實價格 4.588），4.575 對應 4.598（真實價格 4.588）。從定價結果上看，顯然差別不大。不過還應注意，由於 Mento Carlo 自身的定價誤差也可能在 1% 左右，從這個角度看兩方法區別不大。

通過上面的 AD 比較，在同一個 Black-Scholes 環境下的該實驗中，RME 對美式看漲及看跌期權的定價誤差總體小於 CLM 方法；RME 對看漲、看跌期權都產生一致的負偏差，而 CLM 則產生一致的正誤差。同時也應該注意到，不像第一個實驗，該實驗中的定價結果並沒有發現定價精確度與 moneyness 或標的資產價格的關係。

## 第四節　本章小結

本章研究了在兩個不同的模擬市場環境中，RME 方法對美式看漲、看跌期權的定價效果，特別地還同其他的基準方法進行了比較。結果表明，RME 方法能夠準確提取模擬市場中的信息內容——風險中性矩、得到準確的風險中性定價測度，以及準確地為美式看漲、看跌期權定價。

本章首先驗證了 RME 得到的定價測度確是風險中性的；其次比較了 RME 與 AC08 和 CLM 方法對提取風險中性矩的準確性，發現 RME 能夠從模擬市場中精確地提取出風險中性矩，后兩者並不足夠準確，而這些風險中性矩是用來刻畫標的資產收益分佈的；第三，在兩個模擬定價實驗中，對基於無紅利支付的美式看漲期權定價確實表明，定價結果與可執行機會數無關，且與使用的 growth rate（或漂移率）也無關，說明得到的價格就是風險中性價格；第四，RME 在第一個實驗中，對不同的期權（對應不同的執行價格）有時產生正的定價誤差，有時則導致負偏差，但這些偏差都很小；但在第二個實驗中 RME 方法對美式看漲、看跌期權均產生負偏差；第五，第一個實驗結果分析表明，RME 方法對美式期權定價的誤差基本隨 moneyness 增加而變小。特別地，通過第一個實驗中的每一個期權定價（每一個期權價格基於 800 次獨立模擬實驗得到的平均值）的統計指標（MPE、MAPE），還發現 RME 方法在計算價格過程中是很穩定的。

在同樣的環境下，本章對 RME 方法和基準方法 AC08、CLM 方法的美式看漲期權定價結果都進行了比較。對於第一個實驗與基準方法 AC08 做比較。首先，不像 RME 方法的結果，AC08 方法對美式看跌期權定價展現出一致的負偏差，且對美式看漲期權也幾乎都出現負誤差（只有一種情況除外）；其次，與 RME 的美式看漲期權定價一樣，AC08 方法下的 MPE 表明定價誤差基本隨 moneyness 而遞減，而對於 MPE 和 MSE，它們均同可執行點個數 $N$ 沒有直接的關係；重要的是，通過比較 15 個 MPE 和 MSE 值中，發現對於美式看漲期權的定價，總的來說，RME 方法明顯優於 AC08 方法。至於第一個實驗的美式看跌期權定價比較，首先 RME 和 CLM 的定價誤差大小均與執行機會數 $N$ 高度相關，且基本隨 $N$ 增加而變小，特別地，當 $N$ 從 1 增加到 5 時，定價的誤差均迅速減小；其次，MPE 值顯示 RME 方法對美式看跌期權既產生負偏差又產生正誤差定價，而 AC08 方法則對所有的 moneyness 下的期權均出現負誤差定價；第三，通過比較統計量 MSE 和 MPE，表明 RME 方法產生的價格誤差都非常小，相對 AC08 方法占絕對優勢；第四，RME 方法在選擇「歷史」收益數據上很靈活，可以是任意多的數據，避免了 AC08 方法在該方面的很大局限性。

　　關於 RME 與 CLM 方法的比較，僅採用了絕對誤差（AD）來度量定價的誤差。在所有的 20 個 AD 中，RME 得到的 AD 中有 15 個比 CLM 得到的 AD 要小，但其他 5 個 RME 的 AD 也僅是稍微高於 CLM 的 AD，從它們對應的估計價格看來，實際相差不大。在同一個 Black-Scholes 市場環境下的該實驗中，無論是美式看漲還是美式看跌期權的定價，RME 的誤差總體上是小於 CLM 方法。特別地，RME 對看漲看跌期權均產生負的定價偏差，而 CLM 則產生一致的正誤差。最后，第二個實驗的結果不像第一個實驗，該實驗中的定價結果並沒有發現定價精確度與 moneyness 的關係。

# 第九章　RME 定價方法進一步的實證研究——基於 IBM 股票期權

## 第一節　導言

在第八章我們使用模擬的市場，對 RME 定價方法進行了模擬實驗研究，包括提取期權「市場」的信息內容——風險中性矩、得到風險中性定價測度、美式看漲期權定價、以及美式看跌期權的定價，並分別在相同實驗環境下，比較了 RME 方法與基準方法 AC08 方法、CLM 定價方法。儘管在兩個模擬市場中 RME 定價方法表現良好，但為了更進一步檢驗 RME 的實際定價效果，本章將使用包含 2008 年美國金融危機時期的 IBM 期權，對其進行實證檢驗並分析定價結果。最后還通過幾個常用誤差統計量，比較了 RME 和基準方法 CLM、以及 FD 方法對 IBM 的實證結果。

實證定價使用的數據來自真實市場，會遇到許多與理想（模擬）市場不同的問題，包括有效數據的選擇、歷史數據數量的選擇、紅利的出現、市場無風險利率，還有數值計算等實際問題。

本章第二節對使用的 IBM 數據進行描述，從包含 2008 年金融危機時期的數據中篩選出合理有效的數據。接下來的第三節是處理紅利與使用的無風險利率問題，由於實際市場存在分紅現象，不能夠同第五章描述的模擬的市場一樣簡單，同樣也不能夠簡單處理（一直視為常數）無風險利率問題；在這一節還指出了基準方法 AC08、CLM 的處理方式。第四節是為實證定價做準備，從 IBM 期權市場數據提取重要信息內容——風險中性矩、得到 IBM 股票（對數）收益的風險中性概率分佈、用此分佈生成風險中性標的價格路徑。特別需要指

出的是，關於提取的風險中性矩，在這一節中只提取前兩個風險中性矩 $m_1$ 和 $m_2$，其原因主要是考慮到矩約束之間的相關性與計算時間問題，具體見第六章第三節。本章第五節給出了 RME 定價結果，並對結果進行了誤差分析，同時也給出了 CLM 方法的定價結果，最後對兩種方法進行對比，得出相關結論。第六節對本章進行了總結。

## 第二節　數據描述與歸類

我們使用紐約證券交易所（NYSE）交易的 IBM 股票期權進行實證研究。IBM 股票價格與其看漲期權、看跌期權價格日數據[①]來自網站：www.finance.yahoo.com，這些數據是每天手工下載的。數據的窗口覆蓋 2008 年 7 月 31 日至 2009 年 1 月 30 日，而這段時期恰好覆蓋 2008 年的金融震盪期間。如此下載總共得到 127 個交易日的數據，但經過下面的過濾原則後，共有 93 個有效交易日、4,430 個有效 IBM 看漲、4,430 個有效 IBM 看跌期權（這些期權離到期日時間為 16 天至 357 天）。

我們採用到期日為 16 至 357 天的數據，並對這些初始數據進行以下方式的處理。首先，對於 IBM 股票價格，使用其收盤價（closing price）作為標的資產價格；同時應注意到，在我們使用的數據所在期間內，IBM 股票共存在 2 次分紅（每個季度各一次），分別在 2008 年 8 月 6 日、2008 年 11 月 6 日各分紅 0.5 美元，在定價過程中，這些分紅都要考慮進去。其次，對於期權數據，我們使用 bid 和 ask 的平均價格作為期權的市場價格，期權數據將採用以下過濾方法：第一，市場價格低於 0.05 美元的期權數據除掉；第二，理論上，看漲（看跌）期權價格應該隨執行價而遞減（遞增），可以先依照執行價格從低到高排列，再檢查期權數據，當違背這一原則時就刪除該期權數據；第三，根據美式看漲期權不提前執行的一個條件[②] $D_i \leqslant K[1-e^{-r(t_{i+1}-t_i)}]$（$D_i$ 表示第 $i$ 個時 $t_i$ 點處的分紅，$r$ 為與該期權到期時間長對應的無風險利率），過濾掉違背該條件的 IBM 看漲期權數據；第四，如果看漲期權的 Black-Scholes 隱含波動率為負，則該看漲期權也要從樣本數據中排除。因此，最后得到的 IBM 看漲、看跌期權數據個數分別為 4,430 個。

---

[①] 股票價格、看漲期權價格、看跌期權價格可同時從同一個頁面表格下載。
[②] 參見「Option, Futures, and Other Derivatives」（第七版，John C. Hull）第 299—300 頁。

在為 IBM 看跌期權定價時，RME 方法以及 FD 方法需用到的歷史波動率都使用收盤價作為標的價格輸入參數。並且后文中將看到，RME、CLM 在估計風險中性概率分佈以及生成風險中性標的價格路徑時，都要用到標的歷史收益，FD 使用的歷史波動率也要用到歷史收益，我們採用（交易日）前 260 個日收益[①]。最後，RME 所用到的無風險利率是基於美國國債收益率曲線（US Treasury yield curve）[②]。

對有效數據按照「moneyness 大小」和「距到期日時間長度」進行歸類，共分成 12 個類別。按照 moneyness 大小分為 4 類：moneyness 小於 0.85（即 deep out-of-the-money，DOTM），介於 0.85 到 1.00（即 OTM），從 1.00 到 1.15（即 ITM），大於或等於 1.15（即 DITM）；按照離到期日時間長度分為 3 類：從 16 天到 60 天（記作 Short），61 至 161 天（記作 Medium），從 162 天到 357 天（記作 Long）。這樣總共有 12 種分類，比如 OTM-Short 類，表示 moneyness 介於 0.85 至 1.00 之間且距到期日長為 16 至 60 天（即：虛值—短期期權），其他類別也採用類似記號。

表 9.1 描述了要使用的有效 IBM 看漲、看跌期權數據。

**表 9.1　　IBM 看漲、看跌期權數據統計**

| | | Mean | Standard deviation | Minimum | Maximum |
|---|---|---|---|---|---|
| Call | Number of prices | 4430 | | | |
| | Market price | 13.653 | 14.245 | 0.075 | 69.550 |
| | Moneyness | 1.077 | 0.329 | 0.514 | 2.292 |
| | Time to maturity | 119.008 | 71.886 | 16 | 357 |
| Put | Number of prices | 4430 | | | |
| | Market price | 13.614 | 15.188 | 0.075 | 75.200 |
| | Moneyness | 1.010 | 0.283 | 0.436 | 1.946 |
| | Time to maturity | 119.008 | 71.886 | 16 | 357 |

註：看漲與看跌期權的市場價格以 bid-ask 的平均數記；標的資產價格 $S_{t_0}$ 為 IBM 股票收盤價格。看漲期權的 moneyness 定義為 $S_{t_0}/K$，看跌期權的 moneyness 定義為 $K/S_{t_0}$。距到期日時間以天數記。

---

[①] Liu 和 Yu（2010）使用 CLM 方法對 IBM 進行實證研究的結果表明，使用 260 個或 130 個歷史日數據得到的定價結果相差不大。

[②] 數據來源：來自美國財政部（US Department of the Treasury）網站：www.ustreas.gov/offices/domestic-finance/debt-management/interest-rate/

## 第三節　紅利與無風險利率的處理

第八章的模擬實證中，為了能夠在同一條件下與 Alcock 和 Carmichael（2008）比較，沒有考慮標的資產分紅（即假設紅利為零），而實際的 IBM 股票是存在分紅情況，在我們所使用的實證數據中，IBM 股票每隔一個季度分紅一次（共有兩次紅利，均為 0.5 美元），而同期的利率基本都很低，甚至相對來講，0.5 美元的分紅導致的「紅利率」可能高於同期無風險利率，所以必須將紅利考慮進去。同時，前文中提到的無風險利率也需要進行處理。

這一節闡述 RME 方法及用來比較的基準方法 FD 方法、AC08 或 CLM 方法（Alcock & Carmichael 2008；Liu, 2010）在定價過程中如何處理紅利與無風險利率問題。

### 一、紅利的處理

如上面所分析，在我們使用 RME 為 IBM 期權定價時，需要將紅利因素考慮進去，否則對於該期間的 IBM 期權來說，很可能會被低估價格。但由於紅利派分的隨機性（比如分紅時間和數量）等原因，定價過程中的紅利處理成為一個比較複雜的問題。為簡化該問題，通常會進行一些假設。RME 方法假設這些分紅日期與紅利大小是已知的：2008 年 8 月 6 日、2008 年 11 月 6 日各分紅 0.5 美元。且在除息日（ex-dividend，我們下載的數據顯示分紅日是 2008 年 8 月 6 日、2008 年 11 月 6 日），當天的股票價格需減去紅利數 0.5 美元，稱為調整后的股票價格。同時，在模擬產生風險中性標的價格路徑時，每一條路徑中的股票價格也要減掉 ex-dividend 日的紅利數 0.5 美元；如果路徑中的價格減掉紅利數后為負，則讓該點的價格為零。對於 CLM 方法（僅用到鞅約束），我們採用同樣的方式處理紅利問題[①]。

對於另外一個基準方法——FD 方法：因為 FD 方法使用固定網格（見圖 4.3），時間點和股票價格點都是固定的，我們採用線性插值（linear interpolation）法來調整在除息日對應的期權價格，以反應紅利的影響，用作價格調整

---

[①] 但 AC08 方法在原始的實證研究中（Alcock & Auerswald, 2010）卻沒有考慮紅利問題。也沒有考慮無風險利率的變化，他們對所有期權定價均採用同一利率。

后的股票對應的期權價格；如果調整后股票價格比網格上倒數第二個股票價格還低，則其對應的期權價格直接使用最低股票價格對應的期權價格，而無需使用插值方法。

## 二、無風險利率的處理

對於一個特定交易日和到期日的期權，RME 使用一個利率，不同的交易日和到期日期權則對應不同的利率，這些不同的利率是需要經過擬合處理得到。我們使用美國財政部公布的從 1 個月到 30 年的國債收益率曲線來擬合利率，作為對應不同到期日期權的無風險利率。如果到期日不落在公布的收益率曲線對應的點上，則使用線性插值法為該到期日的期權進行擬合得到相應的無風險利率。也就是說從某一交易日至某一到期日使用的利率為一常數，但不同的交易日和到期日則對應另外的常數利率；並且這些利率將以連續複利計算。

基準方法 FD 和 AC08（或 CLM）方法均採用同一方式處理利率問題，為每一個交易日/到期日期權提供對應的無風險利率，用以計算期權價格。

# 第四節　期權市場價格信息，RME 定價及基準定價方法

這一節涉及三個問題。第一，RME 方法需用到期權市場價格蘊含的矩信息，從而要利用市場中交易的 IBM 期權價格，提取能夠很好刻畫標的資產收益分佈的信息。與第一節導言部分所說明的一樣，我們選擇提取標的資產對數收益的前兩個風險中性矩。第二，對於 RME 方法，有了風險中性矩，還需要使用歷史收益數據，將其嵌入到 RME 定價框架，進而得到風險中性定價測度，最后基於這個風險中性概率測度生成風險中性價格路徑。第三，對 RME 定價，生成風險中性樣本路徑以後就可以採用最小二乘方法確定最優執行時刻，給出最后的定價；同時還要簡單說明對 IBM 期權定價的兩個基準方法 CLM 和 FD 方法。

以上三個問題，將在下面三個小節中依次得到解決。

## 一、期權價格數據與風險中性矩

這一小節解決第一個問題：RME 定價所需要的風險中性矩。首先給出幾

個記號：

$t_0$：交易日期；

$T$：期權到期日；

$K$：執行價格；

$C_{t_0}(T, K)$：IBM 看漲期權現在的市場價格；

$P_{t_0}(T, K)$：IBM 看跌期權現在的市場價格；

$R_\tau$：IBM 股票 $\tau$-期收益 $R_\tau = S_{t+\tau}/S_t (t_0 \leq t \leq T)$，我們選取 $\tau = 1/365$（即 1 天）；

$R_{T-t_0}$：IBM 股票 $(T-t_0)$-期收益 $R_\tau = S_{t+\tau}/S_t (t_0 \leq t \leq T)$；

$m_j$：$\tau$-期對數收益 $log(R_\tau)$ 的 $j$ 階風險中性矩（對具有相同交易日和到期日的期權，它們的 $m_j$ 一樣）；

$\lambda_j$：$(T-t_0)$-期對數收益 $log(R_\tau)$ 的 $j$ 階風險中性矩（對具有相同交易日和到期日的期權，它們的 $\lambda_j$ 一樣）；

$D_t$：紅利在時刻 $t$ 的現值 $(t_0 \leq t \leq T)$。

$r(t_0, T)$：與 $t_0$ 和 $T$ 對應的無風險利率（見上一節中無風險利率的處理）

按照第五章第三節有關積分的計算，我們利用 IBM 看漲期權的市場價格 $C_{t_0}(T, K)$，根據推論 5.1 和定理 5.1 可以提取對數收益的一階、二階風險中性矩。但由於 IBM 股票的紅利是離散派分的，所以推論 5.1 的條件 $S_t(1 - e^{-q(T-t)}) < K(1 - e^{-r(T-t)})$ 要改為 $D < K(1 - e^{-r(t_0, T) \cdot (T-t)})$，對應的式子 (5.5)、(5.6) 需要改進為：

$(T-t)$-期一階風險中性收益矩 $\gamma_1$ 可以表示為：

$$\gamma_1 = e^{r(t_0, T) \cdot (T-t)}(1 - D/S_{t_0}) - e^{r(t_0, T) \cdot (T-t)}\left[\int_{S_{t_0}}^{\infty} \frac{1}{K^2} C_t(T, K) dK\right]$$

$$- e^{r(t_0, T) \cdot (T-t)}\left[\int_0^{S_{t_0}} \frac{1}{K^2}[C_t(T, K) + Ke^{-r(t_0, T) \cdot (T-t)} - S_{t_0} + D]dK\right] - 1$$

(9.1)

$(T-t)$-期二階風險中性收益矩 $\gamma_2$ 可以表示為：

$$\gamma_2 = 2e^{r(t_0, T) \cdot (T-t)} \int_{S_{t_0}}^{\infty} \frac{1 - log(K/S_{t_0})}{K^2} C_t(T, K) dK$$

$$+ 2e^{r(t_0, T) \cdot (T-t)}\left[\int_0^{S_{t_0}} \frac{1 - log(K/S_{t_0})}{K^2}[C_t(T, K) + Ke^{-r(t_0, T) \cdot (T-t)} - S_{t_0} + D]dK\right]$$

(9.2)

根據定理 5.1，$\tau$-期風險中性矩可由下面式子給出：
一階風險中性矩 $m_1$ 表示為：

$$m_1 = \frac{\tau}{T - t_0}\gamma_1 \qquad (9.3)$$

二階風險中性矩 $m_2$ 表示為：

$$m_2 = \frac{\tau}{T - t_0}\left[\left(\frac{\tau}{T - t_0} - 1\right)\gamma_1^2 + \gamma_2\right] \qquad (9.4)$$

在該實證研究中，取 $\tau = 1/365$（即 1 天），則 $(T - t_0)/\tau = (T - t_0) \times 365$（即交易日至到期日的天數）。由上面的式子（9.1）和（9.2），先求出 $\gamma_1$ 和 $\gamma_2$，再根據式（9.3）和（9.4）計算 $m_1$ 與 $m_2$。

在求解 $\gamma_1$ 和 $\gamma_2$ 時，要採用第五章第三節的數值求解方法。先分割可得的執行價格區間，接著用 Black-Scholes 映射方法得到不可觀察的期權價格，再採用梯形積分法得到（9.1）、（9.2）式的積分估計值，最后計算出 $\gamma_1$ 和 $\gamma_2$。每一個執行價格區間進行 $m = 80$ 個等均子區間劃分，兩端截斷點 $K_\infty = 5K_{max}$，$K_0 = 0.2K_{min}$，其中 $K_{max}$ 和 $K_{min}$ 分別為同一交易日且同一到期日的看漲期權的最大與最小執行價格，比如交易日為 2008 年 7 月 31 日、78 天后到期的期權最高、最低價格 $K_{max} = 150$、$K_{min} = 85$。

這樣我們就使用 IBM 看漲期權的市場價格，為具有相同交易日和到期日期權計算出了 $m_1$ 與 $m_2$。

## 二、收益時間序列、風險中性概率分佈與風險中性樣本路徑

上一小節中解決了風險中性矩的提取問題，接著在本小節將依次完成 RME 方法定價過程中需要面臨的「收益時間序列、風險中性概率分佈與風險中性樣本路徑」問題。同樣，先給出相關記號：

$R_{\tau,k}$：第 $k$ 個歷史日收益（因為考慮使用 $\tau = 1$ 天），$R_{\tau,k} \equiv S_{t_0-(k-1)}/S_{t_0-(\tau-k+1)}$（$k = 1, 2, \cdots, H$）；

$N$：每條價格樣本路徑上可執行時間點數；

$H$：使用的歷史收益數據個數，在此選擇為 260；

$M$：標的樣本路徑數量；

$R_i^{(k)}$：第 $k$ 條樣本路徑上第 $(i - 1)$ 個可執行點與第 $i$ 個可執行點之間的收益；

$(R_i^{(k)})_{M \times N}$：收益樣本矩陣（$i = 1, 2, \cdots, N, k = 1, 2, \cdots, M$）；

$S_i^{(k)}$：第 $k$ 條路徑上時點 $t_i$ 處標的資產價格；

$\pi^* = (\pi_1^*, \pi_2^*, \cdots, \pi_H^*)$：用來定價的風險中性定價測度（概率分佈）。

1. 收益時間序列 $\{R_{\tau,k}\}$ 與風險中性概率分佈 $\pi^*$

通過求解模型（7.7）可以得到風險中性概率分佈 $\pi^*$，但該模型中的矩約束條件需要用到歷史收益 $R_{\tau,k}$。對同一交易日的期權定價，使用同樣的歷史收益時間序列 $\{R_{\tau,k} \equiv S_{t_0-(k-1)}/S_{t_0-(\tau-k+1)}\}_{k=1}^H$，這裡的歷史數據個數選擇為 $H = 260$。例如，為 2008 年 7 月 31 日交易的期權定價時，選擇的時間序列為：$\{\frac{S_{t_0}}{S_{t_0-1}}, \frac{S_{t_0-1}}{S_{t_0-2}}, \cdots, R_{\tau,k} = \frac{S_{t_0-(k-1)}}{S_{t_0-(\tau-k+1)}}, \frac{S_{t_0-259}}{S_{t_0-260}}\}$。但如果交易日不同，則使用的序列 $\{R_{\tau,k}\}$ 不同。

從模型（7.7）解出概率分佈 $\pi^* = (\pi_1^*, \pi_2^*, \cdots, \pi_H^*)$ 作為風險中性定價測度：

$$\hat{\pi}_k^* = \frac{exp\left(\sum_{j=1}^{2} \lambda_j^* [log(R_{\tau,k})]^j\right)}{\sum_{k=1}^{H} exp\left(\sum_{j=1}^{2} \lambda_j^* [log(R_{\tau,k})]^j\right)} \quad (9.5)$$

其中 Lagrange 乘子 $\lambda_i^*$ ($i = 1, 2$) 由下面的最優化問題給出：

$$\lambda^* = \underset{\lambda_1, \lambda_2}{argmin} \sum_{k=1}^{H} exp\left(\sum_{j=1}^{2} \lambda_j [(log(R_{\tau,k}))^j - m_j]\right) \quad (9.6)$$

以上式子也見（7.8）式與（7.9）式。第六章第二、三節闡明了所得的概率測度是合適的風險中性定價測度，而且在上一章的模擬實驗中得到進一步證實。

2. 風險中性日價格路徑

當用來定價的風險中性概率分佈 $\pi^* = (\pi_1^*, \pi_2^*, \cdots, \pi_H^*)$ 計算出來以後，接下來就是要為待定期權隨機產生標的資產從交易日至到期日的日價格路徑。從觀察到的 $H$ 個 $\tau$-期歷史收益（即 260 個日收益）中，按照對應的概率 $\pi_i^*$ 使用第七章第三節生成風險中性價格路徑的方法隨機產生 $M \times N$ 的日收益樣本矩陣 $(R_i^{(k)})_{M \times N}$ ($i = 1, 2, \cdots, N$, $k = 1, 2, \cdots, M$)，這個收益樣本矩陣用來產生 $M$ 條標的樣本價格路徑：

$$S_1^{(k)} = S_0 R_1^{(k)}, \quad S_i^{(k)} = S_{i-1}^{(k)} R_i^{(k)} = S_0 \prod_{j=1}^{i} R_j^{(k)}, \quad (i = 1, 2, \cdots, (T - t_0) \times 365)$$

$(T - t_0) \times 365$ 即為交易日至到期日的天數。由於該樣本路徑是基於風險中性測度 $\pi^* = (\pi_1^*, \pi_2^*, \cdots, \pi_H^*)$ 生成，因此這些樣本路徑都是風險中性的，且每條路徑均有 $N$ 個可執行時刻 $t_1, t_2, \cdots, t_N = T$，要注意到，$N \leq (T - t_0) \times 365$，詳見下文。

在 RME 方法為 IBM 期權定價時，我們均產生 $M = 10,000$ 條樣本路徑；並且在為某一特定交易日 $t_0$ 和到期日 $T$ 的期權定價產生這些路徑時，每一條路徑均被分成 $N$ 個可能的執行時點 $t_0$，$t_1$，$t_2$，$\cdots$，$t_N = T$，具體按照以下的方式給出這些執行點。

（1）如果從交易日至到期日的剩余天數 [即 $365 \times (T - t_0)$] 小於或等於 50，則每一個步長均設為 1 天（即這 $N$ 個點間隔均為 1 天）。比如 2008 年 8 月 1 日有期權的剩余到期日時間長度是 49 天，那麼對應的路徑由 49 個步長均為 1 天的可執行點組成。在該例中，$N = (T - t_0) \times 365$，因為 $N = 49$，$(T - t_0) \times 365 = 49$。則其第 $k(k = 1, 2, \cdots, M)$ 條樣本路徑為：$S_1^{(k)} = S_0 R_1^{(k)}$，$S_i^{(k)} = S_{i-1}^{(k)} R_i^{(k)} = S_0 \prod_{j=1}^{i} R_j^{(k)}$，$(i = 1, 2, \cdots, N = 49)$。

（2）否則剩余天數大於 50 時，讓前面 $N - 1$ 個步長均等於「剩余天數除以 50 所得的整數部分」，剩下的時間長度作為最后的步長，顯然最后一步長度可能覆蓋的天數更少。如 2008 年 7 月 31 日也有期權的剩余到期日時間長度是 169 天，則其對應的路徑由 57 個可能執行點構成，前面 56 個執行點的間隔為 3 天，最后的步長則為 1 天（1 = 169−56×3）。在該例中，$N < (T - t_0) \times 365$，因為 $N = 57$，$(T - t_0) \times 365 = 169$。則其第 $k(k = 1, 2, \cdots, M)$ 條樣本路徑為：

$$S_1^{(k)} = S_0 R_1^{(k)} \cdot R_2^{(k)} \cdot R_3^{(k)},$$
$$S_i^{(k)} = S_{i-1}^{(k)} R_{3i-2}^{(k)} \cdot R_{3i-1}^{(k)} \cdot R_{3i}^{(k)} = S_0 \prod_{j=1}^{3i} R_j^{(k)}, \ (i = 1, 2, \cdots, N - 1 = 56),$$
$$S_N^{(k)} = S_{N-1}^{(k)} R_{169}^{(k)}。$$

最后，還要考慮 IBM 的分紅，鑒於上一節紅利處理方式，需在除息日將產生的股票價格減去紅利 0.5 美元作為最終路徑上的標的價格。如，2008 年 11 月 6 日對應路徑上的價格要減去 0.5 美元作為最終價格。

## 三、定價方法

基於本節上述內容，在此要描述 RME、CLM 以及 FD 方法對 IBM 的具體定價，包括 RME 方法定價的最后一步——最優執行時間選擇、CLM 的定價和 FD 的定價闡述。

RME 定價的前兩個重要過程已經在上兩個小節闡述了，剩下最后的最優執行時刻問題。依照第七章第三節中的最優執行策略方法，採用最小二乘方法

決定 $M$ 條標的價格路徑的 IBM 期權最優執行點①。此方法直接使用風險中性下的樣本路徑,在最小二乘算法中使用迴歸方程時,所使用的基函數為 Legendre 多項式函數:$\{L_0(\frac{S_i}{K}) = 1,\ L_1(\frac{S_i}{K}) = 2(\frac{S_i}{K}) - 1,\ L_2(\frac{S_i}{K}) = 6(\frac{S_i}{K})^2 - 6(\frac{S_i}{K}) + 1\}$,對每條路徑計算出其最優執行時刻,記第 $k$ 條路徑上看漲期權的最優執行時刻為 $t_{OptmCall}^{(k)}(k = 1,2,\cdots M)$,看跌期權的最優執行時刻為 $t_{OptmPut}^{(k)}(k = 1,2,\cdots,M)$,最后對所有路徑上期權的貼現現金流進行算術平均(由於樣本路徑已是風險中性),可分別得到美式看漲、看跌期權的價格:

$$C_{t_0}(T,\ K) = \sum_{k=1}^{M} \frac{1}{M} \left( \frac{[S_0 \prod_{i=1}^{t_{OptmCall}^{(k)}} R_i^{(k)} - K]^+}{\exp[r(t_{OptmCall}^{(k)} - t_0)]} \right) \quad (9.7)$$

$$P_{t_0}(T,\ K) = \sum_{k=1}^{M} \frac{1}{M} \left( \frac{[K - S_0 \prod_{i=1}^{t_{OptmPut}^{(k)}} R_i^{(k)}]^+}{\exp[r(t_{OptmPut}^{(k)} - t_0)]} \right) \quad (9.8)$$

最小二乘算法確定最優執行策略的具體操作見第四章第五節與第七章第三節。

CLM 方法的實現過程與 RME 一致,以便保證公平的比較。至於 FD (Crank-Nicolson finite difference) 方法,在網格 $(S_t,\ t)$ 上依然要處理固定分紅問題,對於網格之外的點使用插值法得到,具體可參見本章第三節關於紅利處理的說明。在選擇網格 $(S_t,\ t)$ 時,讓 $S_{Max} = 5S_{t_0}$,$S_0 = 0$,時間間隔均為 $\Delta t = 1/365$(即 1 天),股票價格間隔則使用 $\Delta(\ln S) = \sigma \sqrt{3\Delta t}$($\sigma$ 為波動率),為了使得到的網格為均勻的,可能需要重設網格,為簡單這一問題,下面給出基於 Matlab 的重設語句②:

M= round (Smax/dS); dS=Smax/M;     %reset up stock price grid
N= round (T-t0/dt); dt= (T-t0) /N;     % reset up time grid

另外,FD 方法要用到歷史波動率 $\sigma$,為了與 RME 方法使用同一信息的歷史數據,我們使用 260 個交易日之前的日收益(收盤價格比率),這樣就與 RME 使用歷史收益所包含的信息一致,保證了 RME 與 FD 方法比較的公平性。

---

① 我們在為 IBM 看漲期權定價時也採用這種方法確定最優執行時刻,儘管沒必要(即只要設 $N = 1$),但這恰好檢驗了 RME 方法對看漲期權的可行性。
② 完整的程序,包括其他的一些計算程序,若需則隨時可提供。

## 第五節　定價結果分析

本章前面的幾節處理了 IBM 期權定價的數據、紅利、利率和具體的定價過程與實現步驟，這一節將給出 RME 和基準方法 CLM、FD 方法的定價結果，並進行分析與比較。

### 一、結果分類與誤差度量

先給出結果的分類方法以及度量誤差的幾個統計指標。根據本章第二節所描述的，定價結果將按照「moneyness[①] 大小」和「距到期日時間」分成 12 個類別歸納。moneyness 分為 4 類（DOTM、OTM、ITM、DITM）：小於 0.85 記為 DOTM（即 deep out-of-the-money），大於或等於 0.85 且小於 1.00 記為 OTM（out-of-the-money），大於或等於 1.00 且小於 1.15 記為 ITM（in-the-money），大於或等於 1.15 記為 DITM（deep in-the-money）。距到期日時間長度分為 3 類（Short、Medium、Long）：從 16 天到 60 天（記作 Short），61 至 161 天（記作 Medium），從 162 天到 357 天（記作 Long）。這樣就分成 12 類，例如：ITM-Medium 就對應 moneyness 大於或等於 1.00 且小於 1.15、離到期日時間介於 61 至 161 天的期權。

我們還是使用之前使用的 3 個統計量來度量定價誤差：MPE、MSE 和 MAPE[②]。

### 二、結果分析與比較

我們分別使用 RME 方法和 CLM 方法對 IBM 看漲期權進行定價，並使用 RME 方法、CLM 方法和 FD 方法對 IBM 看跌期權進行定價。表 9.2 和表 9.3 分別是 IBM 看漲、看跌期權的定價統計結果。

---

① Moneyness 定義見第 96 頁腳註 ①。
② MPE、MSE 和 MAPE 的定義見第 99 頁腳註 ①。

表 9.2　IBM 看漲期權價格估計值關於市場價格的 MPE、MSE 和 MAPE 及其比較

| Moneyness (S/K) ↓ | Maturity Method | 16-60 (Short) RME | 16-60 (Short) CLM | 61-160 (Medium) RME | 61-160 (Medium) CLM | 161-357 (Long) RME | 161-357 (Long) CLM |
|---|---|---|---|---|---|---|---|
| S/K<0.85 (DOTM) | Count | 199 | | 480 | | 529 | |
| | MPE (%) | -5.352 | -14.208 | -3.508 | -3.931 | -6.035 | -7.932 |
| | MSE | 1.823 | 5.636 | 1.489 | 4.785 | 1.806 | 4.757 |
| | MAPE (%) | 14.735 | 26.291 | 15.225 | 35.138 | 15.132 | 32.248 |
| S/K ∈ [0.85, 1.00) (OTM) | Count | 371 | | 304 | | 290 | |
| | MPE (%) | -5.130 | 2.620 | -4.919 | -4.634 | -5.726 | -4.482 |
| | MSE | 1.290 | 4.064 | 1.164 | 4.060 | 1.357 | 4.814 |
| | MAPE (%) | 19.868 | 44.545 | 16.825 | 35.937 | 19.781 | 42.443 |
| S/K ∈ [1.00, 1.15) (ITM) | Count | 289 | | 248 | | 202 | |
| | MPE (%) | -3.044 | -2.307 | -4.688 | -2.794 | -0.831 | 1.652 |
| | MSE | 1.314 | 3.906 | 0.873 | 3.046 | 1.106 | 3.495 |
| | MAPE (%) | 17.060 | 34.599 | 18.988 | 38.985 | 20.091 | 41.227 |
| S/K ≥ 1.15 (DITM) | Count | 434 | | 670 | | 414 | |
| | MPE (%) | -2.181 | -3.637 | -2.846 | -7.860 | -5.096 | -8.887 |
| | MSE | 1.386 | 4.29 | 1.189 | 3.915 | 0.725 | 3.085 |
| | MAPE (%) | 15.663 | 37.031 | 15.690 | 31.904 | 18.616 | 38.707 |

註：使用方法 RME 和 CLM 得到的 IBM 看漲期權價格相對市場價格的 MPE、MSE 和 MAPE 結果。每一個數值代表一個特定組合（maturity, moneyness）的結果。每一個 moneyness 下的第一行數值表示各個組合下看漲期權的數量，其餘行表示組合下的 MPE、MSE 和 MAPE。看漲期權總數為 4,430；最小 moneyness 為 79.66/155=0.514，最大為 91.66/40=2.292；距到期日時間長度最小為 16 天，最大為 357 天。

表 9.3　IBM 看跌期權價格估計值關於市場價格的 MPE、MSE 和 MAPE 及其比較

| Moneyness (K/S) ↓ | Maturity | 16–60 (Short) | | | 61–160 (Medium) | | | 161–357 (Long) | | |
|---|---|---|---|---|---|---|---|---|---|---|
| | Method | RME | CLM | FD | RME | CLM | FD | RME | CLM | FD |
| K/S<0.85 (DOTM) | Count | 372 | 618 | 374 | | | | | | |
| | MPE (%) | −46.233 | −78.924 | −88.694 | −30.291 | −53.189 | −89.083 | −4.054 | 0.899 | −75.498 |
| | MSE | 0.057 | 0.439 | 0.634 | 0.115 | 0.754 | 1.945 | 0.826 | 2.397 | 3.219 |
| | MAPE (%) | 49.451 | 79.437 | 96.226 | 36.683 | 60.518 | 89.083 | 24.695 | 46.614 | 75.498 |
| K/S ∈ [0.85, 1.00) (OTM) | Count | 351 | 299 | 241 | | | | | | |
| | MPE (%) | −2.021 | −15.641 | −28.855 | −0.688 | 4.292 | −28.834 | −0.183 | 9.063 | −24.484 |
| | MSE | 0.127 | 1.150 | 2.526 | 0.521 | 2.712 | 4.631 | 5.193 | 11.681 | 5.218 |
| | MAPE (%) | 10.390 | 37.253 | 48.761 | 11.254 | 33.690 | 31.554 | 25.418 | 47.858 | 24.711 |
| K/S ∈ [1.00, 1.15) (ITM) | Count | 331 | 262 | 254 | | | | | | |
| | MPE (%) | 0.389 | 0.817 | 9.457 | −0.960 | −4.337 | −1.856 | −7.996 | −9.825 | −4.303 |
| | MSE | 0.202 | 0.405 | 3.625 | 0.328 | 1.928 | 3.182 | 2.748 | 7.835 | 3.856 |
| | MAPE (%) | 3.336 | 5.780 | 17.023 | 3.470 | 9.756 | 12.354 | 9.309 | 18.275 | 10.473 |
| K/S ≥ 1.15 (DITM) | Count | 239 | 523 | 566 | | | | | | |
| | MPE (%) | −0.566 | 0.571 | 5.747 | −0.662 | −1.706 | 2.997 | −2.372 | −3.535 | 2.041 |
| | MSE | 0.226 | 0.172 | 2.547 | 0.489 | 0.727 | 1.924 | 1.118 | 2.098 | 2.040 |
| | MAPE (%) | 1.589 | 1.422 | 5.899 | 1.845 | 2.25 | 3.928 | 2.623 | 3.811 | 3.624 |

註：使用方法 RME 和 CLM 得到的 IBM 看跌期權價格相對市場價格的 MPE、MSE 和 MAPE 結果。每一個特定組合（maturity, moneyness）的結果。每一個 moneyness 下的第一行數值表示各個組合下看漲期權的數量，其餘行表示個組合下的 MPE、MSE 和 MAPE。看漲期權總數為 4,430；最小 moneyness 為 40/91.66 = 0.436，最大為 155/79.66 = 1.946；距到期日時間長度最少為 16 天，最大為 357 天。

表 9.2、表 9.3 對使用 RME 方法與基準方法 CLM 和 FD 為 IBM 看漲、看跌期權，得到的結果進行了歸類。同時，在每一個類別下，表中給出了有效期權（篩選後）的數量。顯然可以看出，DOTM-Medium 和 DITM-Long 看跌期權數量分別高達 618 和 566，所以對處於 DOTM、DITM 以及到期時間為 Long 的期權，在使用某一方法進行定價時也應該考慮進來，而不能只選擇其他的期權來檢驗某一定價方法①。

現在對 IBM 看漲、看跌期權定價結果進行分析與比較。首先，RME 對於看漲期權的定價誤差比看跌期權的誤差較為均勻。比如在 12 個分類中，RME 方法對看漲期權定價的 MAPE 基本都在 15%～20% 附近，但與 moneyness 及 maturity 均沒有直接關係；而看跌期權的 MAPE 隨著 moneyness 的增加顯著減少，如在 Short 情況下，從 DOTM、OTM、ITM 至 DITM 的 MAPE 分別是 49.451%、10.390%、3.336% 和 1.589%，但與 maturity 沒有太大規律可循。在 ITM 和 DITM 下，看跌期權對應的 MAPE 均低於 10%，說明 RME 定價誤差很小，同時 MAPE 基本隨著 maturity 增加而變大，這點與 Liu 和 Yu（2014）的發現一致。其次，通過觀察 RME 定價的 MPE 發現，RME 方法對 IBM 看漲期權定價均出現負偏差，且除了 ITM-Short 情形的看跌期權之外，RME 也是低估了看跌期權。第三，從指標 MAPE 來看，RME 方法下的 MAPE 均顯著小於 CLM 的 MAPE，RME 方法對看漲及看跌期權的定價的準確度，顯然優於其他的比較方法。

表 9.2 是 RME 和 CLM 方法對 IBM 看漲期權定價結果的比較，CLM 沒有使用市場交易期權所蘊含的信息內容（風險中性矩）作為約束條件來生成風險中性定價測度。從該表可以看出，RME 方法對所有組合（moneyness，maturity）下的期權都產生負向定價偏差，而 CLM 則對 OTM-Short 期權及 ITM-Long 期權產生正偏差。而且，在 12 種分類中，無論從哪個指標 MPE、MSE 或 MAPE 看來，RME 方法定價結果相對 CLM 定價均占絕對優勢。對所有的分類，來自 RME 定價的 MAPE 值基本幾乎都不到 CLM 定價下 MAPE 值的一半，最差的比較結果為 DOTM-Short 情形：RME 的 MAPE 為 14.735%，CLM 的 MAPE 為 26.291%。因此，RME 比 CLM 對 IBM 期權的定價效果更好，儘管 RME 有些 MAPE 值有點偏高（高於 10%）。導致這些結果的部分原因分析可以參見下一段。無論是 RME 還是 CLM 方法，它們對看漲期權的定價誤差均與

---

① Alcock 和 Auerswald（2010）在使用 AC08 方法為 OEX 看跌期權定價時，則丟棄了 DOTM、DITM 的 Long 期權。

moneyness 或者 maturity 沒有直接關係。

表 9.3 就 IBM 看跌期權的定價，進行了 RME 方法和基準方法 CLM 以及 FD 的比較。首先很顯然地，三種方法均對 DOTM-Short 期權產生負向的定價偏差，且在所有 12 個分類中，DOTM-Short 的偏差最大（MAPE 分別為 49.451%、79.437%和 96.226%）。其次，從 MPE 值可以看出，在 12 個類別中，RME 方法對 11 個分類中的期權都產生負偏差，僅僅對 ITM-Short 高估其價格（MPE = 0.389 > 0）；CLM 則在 5 種情況下產生正偏差：DOTM-Long、OTM-Long，ITM-Short，DITM-Short 和 OTM-Medium，但也不與 moneyness 或 maturity 構成直接的關係可循；FD 方法則對 4 種情況下的期權產生正的定價偏差：ITM-Short、DITM-Short、DITM-Medium 和 DITM-Long，也不與 moneyness 或 maturity 有直接的關係；顯然，三種方法均高估了 ITM-Short 期權價格。第三，三個統計量的值告訴我們，三種方法的定價誤差都隨 moneyness 的增加而急速減少，特別是從 DOTM 到 OTM。第四，對 ITM-Long 和 DITM-Long 期權，FD 的定價非常準確且比 CLM 的定價結果更精確，而對其他的情形則不然。這些結果恰好與市場的行為相吻合：因為自從 1987 年的金融危機以來，市場上似乎對 OTM 看跌期權配以一定的升水（premium），以至於這些看跌期權的價格顯得比以前（或 Black-Scholes 價格）更「貴」，投資者更傾向於這類期權，而對 ITM 期權或者 Long 期權則沒有選擇輔以額外的升水。所以對於 IBM 看跌期權的定價，RME、CLM 以及 FD 方法均產生負向偏差，而對 ITM-Short 期權 RME 定價則導致正向偏差，CLM 則對於長期（Long）的 DOTM 和 OTM 以及 ITM 和 DITM 的短期（Short）期權給出了正向偏差定價，同樣 FD 對 DITM 的所有期權產生正向定價偏差。

另外，表 9.2 和表 9.3 的以上結果也可以由「波動率微笑（volatility smile 或 volatility smirk）」現象給出一致解釋。總之，對 IBM 期權定價的實證結果再次表明，對 IBM 看漲期權，RME 方法產生的誤差比 CLM 方法小得多；RME 方法對 IBM 看漲期權的定價計算很穩定，能夠有效地給出可接受誤差範圍的定價結果。對於 IBM 看跌期權，RME 方法的定價偏差比 CLM 和 FD 方法也小得多；RME 能夠為 IBM 看跌期權給出非常準確的定價結果，尤其是為 ITM 和 OITM 看跌期權。總體上看，這些實證結果表明，RME 方法完全勝任基準方法 CLM 和 FD。

## 第六節　本章小結

在本章，我們使用覆蓋 2008 年下半年金融危機時期的 IBM 期權數據測試了 RME 定價方法，通過 RME 方法及基準方法 CLM、Crank-Nicolson FD 在同一環境（條件）下對 IBM 看漲、看跌期權的實證研究，採用誤差統計量 MPE、MSE 和 MAPE 比較了三種方法的實證定價結果。

首先對已有的 IBM 相關數據按照一定的合理方式進行篩選，得到有效的數據；詳細介紹了如何處理 IBM 的離散分紅以及無風險利率問題，從利率和紅利數目看來，不應該忽略紅利因素。如此得到的 IBM 歷史數據，和紅利、利率的處理方式會更符合實際市場，而 Alcock 和 Auerswald（2010）在使用 CLM 方法進行實證研究中，沒有考慮紅利以及只使用一個常數利率，同時也沒有考慮處於 DITM-Long 與 DOTM-Long 的期權。為了準確刻畫標的資產的收益分佈，接下來利用富含信息的 IBM 期權市場價格數據，提取標的（對數）收益風險中性矩（根據之前章節，選擇估計一、二階風險中性矩）。再將準確估計出的風險中性矩作為約束條件，嵌入最大熵框架得到風險中性概率分佈；根據此分佈並利用歷史收益數據由此生成風險中性價格路徑，採用最小二乘方法確定最優執行策略，最終為 IBM 看漲、看跌期權進行定價，這樣得到 RME 定價結果。

在比較不同方法對 IBM 看漲與看跌期權定價結果時，分別選擇的基準方法為 CLM 與 CLM、FD，比較結果按照 moneyness 和 maturity 分成了 12 個類別，並使用 MPE、MSE 和 MAPE 度量定價誤差。結果顯示，由 RME 方法導致的定價誤差，無論哪一個類別，均比基準方法小得多，特別是對 IBM 看跌期權。對 IBM 看漲期權，MAPE 結果表明來自 RME 的定價偏差幾乎為來自 CLM 誤差的一半甚至更低；對 IBM 看跌期權的定價，在到期日為 Short 時，無論哪個 moneyness，CLM 方法比 FD 方法定價效果好，但 FD 反過來在到期日為 Long 時表現比 CLM 更好。使用的 RME 方法卻比兩者 CLM 和 FD 更能夠給出準確定價，RME 得到的 MAPE 比來自 CLM 和 FD 的 MAPE 值小得多。三種方法中，RME 對看跌期權定價最為準確，特別是對於 ITM 和 DITM 期權，其定價的精確度很高。同時，對 IBM 看漲期權，RME 在 12 個類別中均表現出負向定價偏差，這和第五章模擬實驗中的負向誤差之結果基本一致，CLM 也僅僅在兩個類別（OTM-Short 和 ITM-Long）中出現正誤差。而對於看跌期權的定價，三

種方法導致的定價誤差均隨 moneyness 的增加而急速下降；對 DOTM-Short、OTM-Short 和 ITM-Medium、ITM-Long 期權三種方法也都產生負的定價偏差。

總之，RME 方法的定價效果明顯優於所比較的其他基準方法，並且除了 DOTM-Short 看跌期權，RME 都能夠以可接受的誤差範圍（如 MAPE 低於 20%）準確為 IBM 期權，尤其是看跌期權給出合理定價。而且原則上，RME 方法適用於任何其他人工環境或其他實際市場，因為其能夠從期權市場獲取有效的信息來產生風險中性測度，而不需要依賴任何其他的標的結構或參數假設，僅依賴實際的市場環境，從這個角度來說，RME 定價充分利用市場本身所反應的信息，因此該方法對期權的定價也是很有效的。

# 第十章  對 RME 定價方法進一步的實證研究——基於 OEX 股指期權

## 第一節  導言

第九章檢驗了 RME 方法對股票期權——IBM 期權的定價效果，並同其他基準方法進行了比較，結果顯示出 RME 方法的有效性和精確性；本章將對另一典型的指數期權——OEX 進行實證研究。與第九章主要有三處不同：一是在確定最優執行策略時，將其看成最優停時問題，並考慮到收斂速度與精確度進而使用改進的最小二乘逼近；二是在熵模型中使用了四階風險中性矩，從而更加充分利用期權市場的有效信息；三是使用了最近的定價方法 AA10（Alcock & Auerswald, 2010）和 VCLM（Liu & Guo, 2014）作為基準方法，同 RME 方法對比。

本章第二節詳細闡述了如何將「期權價值視為一個最優停時問題」，並給出基於改進最小二乘法的最優執行策略。第三節是進行實證定價的準備介紹，包括數據說明和所使用的方法。第四節則是對 RME 定價結果的分析與比較，並將其同基準定價方法結果進行比較。第五節對本章進行小結。

## 第二節  期權價值——一個最優停時問題

### 一、基於最小二乘法的最優執行策略

同第九章第四節，模擬出標的資產的風險中性價格路徑之後，使用 Yu 和

Liu（2014）年提出的最小二乘法確定美式期權的最優執行策略。LSM（Least-squares Monte Carlo）的關鍵是對一組條件期望函數的逼近。值得注意的是，為了使 LSM 算法能夠很好逼近某一條件期望函數（未來現金流的期望），這一組模擬出的風險中性路徑只被用於在一個可能的行權點①。以下簡要給出本章研究所用到 LSM 的部分，更多詳細內容請參閱 Yu 和 Liu（2014）以及 Stentoft（2004）。

假設美式期權有一組可能的執行點：$0 < t_0 < t_1 < \cdots < t_K = T$，作如下定義：

$S(\omega, t_k)$：路徑 $\omega$ 在 $t_n$ 時刻的價格（特別令 $\omega_k$ 表示第 $k$ 條路徑）；

$Z(\omega, t_k)$：相應的收益過程。例如 $Z(\omega, t_n) = max(K - S(\omega, t_n))$ 表示美式期權的收益過程。

進一步定義 $T(t_n)$ 表示取值於 $\{t_n, t_{n+1}, \cdots t_K\}$ 的所有停時的集合，從 $t_n$ 到 $T$ 的最優停時策略記為 $\tilde{\tau}(t_n)$。把到 $t_n$ 時刻仍未被執行、最優停時為 $\tilde{\tau}(t_n)$ 的期權現金流折現到 $t_n$，這一現金流函數定義如下：$C(\omega, \tilde{\tau}(t_n)) = e^{-r(\tilde{\tau}(t_n) - t_n)} Z(\omega, \tilde{\tau}(t_n))$。

如此，期權定價問題可被視為一個停時問題，並且期權價值可由下式得到：

$$V(0) = \max_{\tilde{\tau}(0) \in T(0)} E_{\pi} [C(\omega, \tilde{\tau}(0))] \tag{10.1}$$

對於美式期權定價問題，這又可通過最優停時 $\tau(t_n)$ 表達成：

$$\begin{cases} \tau(t_K) = T \\ \tau(t_n) = t_n 1_{\{Z(\omega, t_n) \geq E_{\pi}[C(\omega, \tau(t_{n+1})) | S(\omega, t_n)]\}} + \tau(t_{n+1}) 1_{\{Z(\omega, t_n) < E_{\pi}[C(\omega, \tau(t_{n+1})) | S(\omega, t_n)]\}} \end{cases} \tag{10.2}$$

其中 $n \leq K - 1$，$1_{\{\cdot\}}$ 是示性函數。

然而，上式示性函數裡的條件期望（這裡記為 $F(\omega, t_k) \equiv E_{\pi}[C(\omega, \tau(t_{n+1})) | S(\omega, t_k)]$）是不能算出來的，因為 $t_n$ 時刻現金流通常都是不知道的。LSM 通過使用 $L$ 項的線性和來逼近該函數（backward 方式），解決了這個問題：

$$F_L(\omega, t_k) \equiv \sum_{l=0}^{L-1} \alpha_l(t_n) \varphi_l(S(\omega, t_k))$$

---

① 這是因為，如果在所有可能行權點處都使用統一價格路徑，則未來收益流路徑之間可能有相關性（非獨立）；而另外一方面，由於條件期望函數逼近真實的條件期望函數，這就要求收益流路徑是獨立的。

其中，$\{\varphi_l(\cdot)\}_{l=0}^{L-1}$ 是給定的一組基函數集；$\{\alpha_l(t_n)\}_{l=0}^{L-1}$ 是 $t_n$ 時刻的系數序列，可由基於 $M$ 條模擬路徑、使用最小二乘迴歸給出估計式為 $\{\tilde{\alpha}_l^M(t_n)\}_{l=0}^{L-1}$。這個估計式可通過求解下面的最小化問題得到：

$$\min_{\tilde{\alpha}_l^M} \sum_{k=1}^{M} \left\{ \left[ \sum_{l=0}^{L-1} \tilde{\alpha}_l^M(t_n) \varphi_l(S(\omega, t_n)) \right] - e^{-r(t_{n+1}-t_n)} C(\omega_k, \tilde{\tau}_L^M(t_{n+1})) \right\}^2$$

由此，用以逼近 $F_L(\omega, t_n)$ 的線性估計函數 $\tilde{F}_L^M(\omega, t_n)$ 可構造如下：

$$\tilde{F}_L^M(\omega, t_n) = \sum_{l=0}^{L-1} \tilde{\alpha}_l^M(t_n) \varphi_l(S(\omega, t_n))$$

從而，等式（10.2）中最優停時算法的近似估計可由下面的算法確定：

$$\begin{cases} \tilde{\tau}_L^M(t_K) = T \\ \tilde{\tau}_L^M(t_n) = t_n 1_{\{Z(\omega, t_n) \geq \tilde{F}_L^M(\omega, t_n)\}} + \tilde{\tau}_L^M(t_{n+1}) 1_{\{Z(\omega, t_n) < \tilde{F}_L^M(\omega, t_n)\}} \end{cases} \quad (10.3)$$

## 二、期權價值

至此，已經得到了基於 $M$ 條模擬路徑、使用最小二乘迴歸關於 $F_L(\omega, t_n)$ 的最佳線性估計 $\tilde{F}_L^M(\omega, t_n)$，並且也推導出了最優停時 $\tilde{\tau}_L^M(t_n)$。有了這些，對（10.1）式的一個很自然的估計便可由以下式子計算：

$$V_L^M(0) = \frac{1}{M} \sum_{k=1}^{M} C(\omega_k, \tilde{\tau}_L^M(0)) \quad (10.4)$$

Stentoft（2004）表明只要 $L/M$ 和 $L^{-2d}$ 有相同的收斂速度，即 $M \propto L^{\frac{1}{1+2d}}$（$d$ 為條件期望函數的連續可導的階數，$L$ 代表迴歸因子的數目，$M$ 代表模擬路徑的數目），則 LSM 算法可得到最優的收斂速度。考慮到計算的時間成本，本章採取 Yu 和 Liu（2014）的建議，採用 $L = 4$（前三個多項式和常數）、$M = 10,000$，並在進行最小二乘估計時採用變換了的勒讓德多項式。

# 第三節　樣本數據與方法介紹

## 一、數據說明

本次實證研究選取的是 S&P100 指數美式期權（OEX），其中看漲期權用來確定 RNMs，看跌期權是為定價使用的。我們選取的是從 2006 年 7 月 2 日到 2012 年 10 月 31 日，共 1,721 個交易日的每日數據。S&P100 每天的收盤價作

為標的價格，而期權的市場價格取期權的賣價和買價的平均值。對這些數據過濾后①，最后剩下距離到期日 16~360 天的 207 個看漲期權和 119 個看跌期權。

另外，在該期間的成分股有支付紅利，紅利率大約為 3%，我們視其為一個常數。表 10.1 簡要描述了過濾后的期權數據。

表 10.1　　　　　　S&P100 指數看跌期權的數據描述

|  | Mean | Standard deviation | Minimum | Maximum |
| --- | --- | --- | --- | --- |
| Number of options | 207，119 |  |  |  |
| Market prices | 56.21 | 57.13 | 0.05 | 412.00 |
| Moneyness | 1.02 | 0.31 | 0.41 | 2.23 |
| Expiration | 70.45 | 59.28 | 16 | 360 |

註：這裡的期權價格是買價和賣價的平均值；Moneyness 為執行價與指數收盤價之比率。到期日以天計算。

每日的國債收益率可直接從美國財政部網站獲取②。對於每一個定價日，可以用期限從 1 個月到 30 年的國債收益率，而對於特定不可直接得到的期限，使用線性插值確定其相應的無風險收益率。

## 二、RME 定價

RME 方法使用風險中性矩（RNMs）作為約束進而得到更準確的 RND，基於 OEX 數據的輸入，其計算結果顯示較高階矩（$n \geq 5$）高度依賴前四階矩。這說明更高階矩可被表示為前四階矩的線性組合，但仍然可以使用前四階矩。為此，本章實證研究中使用前四階矩。

對於每組具有相同標的價格的待定價期權，使用 8 個 OEX 看漲期權來得到前四階 RNMs；對涉及的有關積分計算，每個積分區間 $[S_t, K_{max}]$、$[K_{max}, +\infty)$、$[K_0, K_{min}]$ 和 $[K_{min}, S_t]$ 被分成 $m = 80$ 個不重合的等長度區間。對於每一定價日，使用之前的 260 個歷史日總收益數據，按給定的式（7.5）計算出風險中性概率。在每一定價過程中，對於每一個可能的行權點，模擬出 10,000 個風險中性路徑，每條路徑是在風險中性概率下隨機抽取歷史

---

① 為使樣本數據有效，採用以下的過濾方式：捨棄市場價低於 0.05 美元的期權；不滿足「看跌期權價格隨執行價格而遞增」一性質的看跌期權也被排除；具有負的 Black-Scholes 隱含波動率的看跌期權不納入樣本；當月到期的期權也不使用。

② 網址：www.ustreas.gov/offices/domestic-finance/debt-management/interest-rate/。

收益數據而生成的。對每條路徑，其收紅利的影響，可做以下處理：這條路徑上第一天的風險中性價格減少 $e^{q/365}$，第二天則減少 $e^{2q/365}$，以此類推。

每條路徑上的可能行權點數目按以下規則得到：如果離到期日天數少於 50 天，則可執行點個數設定為 1，否則則取除以 50 的整數部分，儘管最後一步可包含的天數比余下的少。

### 三、基準定價方法

如文獻綜述所述，近期提出的基於熵的方法 AA10 和 VCLM 用了更多的約束（除了基本的軟約束之外），其定價效果分別優於更早的 AC08 方法和 CLM 方法。為此這裡採用 AA10 和 VCLM 方法作為基準方法，用以 RME 方法作比較。

為保證比較的一致性和公平性，在此採用 AA10 和 VCLM 方法所使用的相同輸入，如紅利率和無風險利率等。此外，每一個定價結果採用三次獨立模擬結果的平均，並且每一定價過程用的都是 10,000 條路徑。

對用到的基準方法 AA10，本研究只是盡可能接近其原始做法。第一，用 10 年的歷史指數收盤價來產生總收益，而不是 AA10 原始論文中的 5 年，因為后者會導致在某些時期（如 2008 年 10 月）的定價失敗。第二，當為一個看跌期權定價時，需要使用一個看漲期權作為約束，該看漲期權為前一日有相同到期日、moneyness 接近 1 的市場中可觀察到的看漲期權；如果前一個交易日沒有這樣的看漲期權，則選擇過去五個交易日的期權，並要求剩餘到期日最接近被定價期權的剩餘到期日、moneyness 接近 1。第三，為了簡便起見，用上文中的無風險利率替代 AA10 原文中 3 個月的國債收益率。第四，如 AA10 那樣，把紅利率設定為 0。

至於基準方法 VCLM，和 RME 方法使用相同的歷史收益數據；可執行點的數量採用與 RME 相同的方法來確定。隱含波動率使用具有相同執行價、相同到期日的前一個交易日的期權（讓其被準確定價）來計算。按最初的原文（Liu & Guo, 2014），如果對於某一特定的執行價，其隱含波動率不能得到的話，就用線性插值從兩個最接近的執行價推斷出來，並且如果得到的波動率小於 2% 的話，就設定為 2%。

## 第四節 實證結果與分析

### 一、結果分類與誤差度量

使用 moneyness 及剩餘到期日對定價結果進行劃分，分成 12 個類別進行分析比較。Moneyness 分為四類：小於 0.85（deep out-of-the-money，DOTM）、0.85 至 1.00（out-of-the-money，OTM）、1.00 至 1.15（in-the-money，ITM）、以及大於 1.15（deep in-the-money，DITM）；剩餘到期日則分為三類：短期（16~60 天，Short）、中期（61~160 天，Medium）、長期（161~357 天，Long）。並使用簡單記號表達，如 OTM-Short，ITM-Long 等等。此外，用以下常用的統計指標來度量定價誤差：MPE（平均百分比誤差）、MSE（均方根相對誤差）、MAPE（平均絕對百分比誤差）[1]，其中對交易者而言 MAPE 可能是最優的衡量整體定價準確度的指標。基於以上，三種方法定價 OEX 看跌期權的結果見表 10.2。

### 二、定價結果分析

從表 10.2 可看出，看跌期權數量的分佈並不是均勻的，到期日為長期的期權數量遠遠少於其他到期日的期權數量。儘管這表明長期看跌期權交易相對較少，但長期類別中最小的數量仍有 3,589 個（即 OTM-Long 一類），在統計意義上這足夠說明問題，是能得到有意義的結論的。

從 MPE 可看出，12 種情形裡，AA10 只在三種情況下產生正偏差——ITM-Long、DITM-Medium 和 DITM-Long；而 VCLM 僅僅在 ITM-Long 時產生正偏差；然而對於所有的 OEX 看跌期權，RME 方法都是負偏差。因為最小二乘法對美式看跌期權提供的比較低的界限範圍較低，所以不難理解三種方法大都產生負偏差，這一結果與 Alcock 和 Auerswald（2010）及 Liu 和 Guo（2014）得到的結論一致。對於 RME 和 VCLM 方法，從不同到期日來看，其定價誤差相當；但對於所有的三種方法，偏差的絕對差都是隨 moneyness 減少的。對 DOTM 的三種情況，其偏差相對較大，可能是由於期權的市場價格相對較低所

---

[1] 亦見第 99 頁腳註①。

表 10.2　不同到期日和 Moneyness 之間定價結果的 MPE, MSE, MAPE 比較

| Moneyness ↓ | Expiration Method | Short (16–60) RME | Short (16–60) VCLM | Short (16–60) AA10 | Medium (61–160) RME | Medium (61–160) VCLM | Medium (61–160) AA10 | Long (161–357) RME | Long (161–357) VCLM | Long (161–357) AA10 |
|---|---|---|---|---|---|---|---|---|---|---|
| DOTM [0.41, 0.8) | Count | 29,963 | | | 19,458 | | | 3622 | | |
| | MPE (%) | −10.463 | −13.935 | −57.328 | −6.860 | −8.325 | −54.761 | −3.635 | −4.227 | −29.713 |
| | MSE | 0.315 | 0.427 | 4.906 | 0.413 | 0.629 | 15.650 | 0.546 | 0.557 | 26.501 |
| | MAPE (%) | 11.796 | 15.421 | 68.740 | 7.864 | 9.350 | 65.361 | 3.975 | 4.860 | 49.862 |
| OTM [0.85, 1.00) | Count | 26,104 | | | 15,301 | | | 3589 | | |
| | MPE (%) | −2.659 | −5.016 | −12.704 | −2.127 | −3.632 | −15.782 | −2.133 | −2.260 | −8.111 |
| | MSE | 0.805 | 1.729 | 6.330 | 0.837 | 2.378 | 17.280 | 0.762 | 0.972 | 49.416 |
| | MAPE (%) | 4.382 | 7.637 | 20.436 | 3.176 | 4.941 | 21.253 | 2.581 | 3.041 | 19.125 |
| ITM [1.00, 1.15) | Count | 25,980 | | | 14,587 | | | 3604 | | |
| | MPE (%) | −0.534 | −0.901 | −1.163 | −0.547 | −0.892 | −2.094 | −0.617 | 0.185 | 7.316 |
| | MSE | 1.026 | 5.622 | 12.809 | 1.479 | 4.068 | 25.766 | 2.706 | 3.283 | 34.016 |
| | MAPE (%) | 2.414 | 3.024 | 7.526 | 1.827 | 2.930 | 7.234 | 1.627 | 1.761 | 8.219 |
| DITM [1.15, 2.23] | Count | 35,347 | | | 22,296 | | | 7298 | | |
| | MPE (%) | −0.381 | −0.592 | −0.859 | −0.401 | −0.570 | 0.454 | −0.439 | −0.712 | −4.749 |
| | MSE | 1.902 | 14.853 | 46.930 | 2.184 | 9.766 | 61.043 | 4.439 | 12.931 | 70.762 |
| | MAPE (%) | 1.168 | 1.641 | 6.013 | 0.986 | 1.498 | 7.502 | 1.074 | 1.249 | 6.035 |

註：每一組代表一個 moneyness 和到期日的組合。此結果基於 3 次獨立的模擬，每次模擬中產生 10,000 條路徑。

導致。最重要的是,定價 OEX 看跌期權的三種方法中,RME 方法產生最小的偏差及很小的絕對偏差。

當比較 MSE 時,在所有 12 種情形中,RME 方法誤差最小,AA10 方法誤差最大。對於 RME 定價結果,不同到期日的誤差是相當的,且誤差隨 moneyness 變大,這與期權的市場價格隨 moneyness 而遞增相應。對於其他兩種方法,誤差基本上也都是隨 moneyness 而變大,且對於 AA10 方法,其誤差隨到期日是急遽增大的,這也與論文 Alcock 和 Auerswald(2010)裡 AA10 方法的結果一致。

就 MAPE 而言,RME 方法無疑是最好的,其定價結果比 AA10 和 VCLM 方法得到的結果精確許多,RME 方法在所有的 12 種情形中相對於 AA10 和 VCLM 方法誤差均最小。並且,RME 方法有 10 種情形裡 MAPE 低於 5%,除了短期 DOTM-Short(11.796%)及 DOTM-Medium(7.864%),相比之下 AA10 方法偏差較大甚至在 DOTM-Short 情形下 MAPE 到達了最大(68.740%),VCLM 方法也在這種情形下 MAPE 高達 15.421%。如前面所述,指標 MAPE 在度量定價精度方面可能最優指標,因此有理由認為 RME 方法確是三種方法中最好的。

從 MAPE 還可以發現兩點:第一,三種方法的誤差都隨 moneyness 急遽變小;對於 RME 和 VCLM 方法,其誤差隨剩余到期日變小,但 AA10 不盡然。儘管 RME 方法比 AA10 和 VCLM 方法的定價結果占絕對優勢,但對於 12 類別中的每一分類,RME 和 VCLM 的價格之差比 RME 和 AA10 的價格差要小許多。這一結果恰好說明了 RME 和 VCLM 方法所使用的約束(矩約束,隱含波動率約束),包含了許多的共同信息,而這些信息是 AA10 方法所使用的約束(ATM 看漲期權約束)沒有包含的。第二,對於 6 種 ITM 和 DITM 情形,RME 方法只有一種情形的 MAPE 超過 10%,其他情形幾乎都低於 2%。對於 DOTM-Short 情形,誤差大於 10%並不奇怪,一方面因為看跌 DOTM 期權的價格很低而買賣價差卻很大,導致計算得到較大的 MAPE,另一方面,還可能是由其較差的差流動性及很少的交易量所導致。

简而言之,實證結果表明 RME 方法的誤差比 AA10 和 VCLM 方法得到的誤差都小,並且在定價 OEX 看跌期權尤其是 ITM 和 DITM 期權,RME 方法的精度相當高。此外,從重要的指標 MAPE 來看,RME 方法在對看跌期權定價時表現出極好的效果。也應該注意到,每種方法所使用的約束,對推導出風險中性概率分佈(RND)都起了重要作用,以至直接影響定價結果。AA10 方法中,使用了一個平價看漲期權作為約束,因此對具有與該看漲期權相同特徵

（如同一執行價和到期日）的看跌期權能夠給出較準確定價，但對其他期權的定價效果相對較弱，這是因為只用了一個看漲期權來得到 RND。VCLM 使用隱含波動率作為約束，由此得到的 RND 可以捕捉到波動率微笑曲線的信息，因而定價結果優於 AA10 方法，但在捕獲其他有用信息方面不足，如尾特徵。RME 方法使用了富含信息的各階統計矩，從而得到的 RND 可準確捕獲許多有效的市場信息，波動率微笑曲線、峰度和偏度（重尾）都可以有效地反應在 RND 中。因此，在所有比較的方法中，RME 方法效果最佳。

## 第五節　本章小結

本章使用 S&P100 美式看跌期權（OEX puts）對 RME 定價方法進行了實證檢驗，並同最近提出的基準方法——AA10 和 VCLM 方法，進行了定價效果的比較與分析，採用誤差統計量 MPE、MSE 和 MAPE 對定價誤差進行度量。

由於 RME 方法使用了富含市場信息的各階風險中性矩，以至得到的風險中性測度能有效地捕捉到波動率微笑、峰度和偏度等市場現象，從而據此給出的定價結果符合真實市場的表現。通過所使用的誤差統計量，其結果表明 RME 方法表現出優異的定價能力；在所有的 12 個分類中，RME 的定價偏差比 AA10 和 VCLM 方法的誤差都小，並優於該兩種基準方法。

值得一提的是，本章的定價同第九章的定價相比，主要不同之處體現在使用的最小二乘（LSM）估計算法，本章使用改進的 LSM 保證了定價結果具有更好的收斂性和精確度。另外，第九章使用了典型的股票期權——IBM 期權進行實證檢驗，本章則使用了另一典型的股指期權——OEX 期權。兩者均表明了本研究提出的 RME 方法，具有優異的定價表現。

# 第十一章　結束語

　　本研究從實際市場出發，不對市場、標的資產價格或其他參數進行預設，充分利用期權市場的實際數據所蘊含的信息內容（如能準確反應標的資產收益分佈），從中獲取有效的信息，借鑑信息熵原理，提出帶風險中性矩約束的 Canonical 最小二乘蒙特卡羅熵（RME）的非模型依賴的期權定價方法，以期定價結果更切合實際市場的表現，此方法可為歐式、美式以及路徑依賴期權進行定價。研究選擇從富含信息的期權市場價格數據提取標的資產（對數）收益的風險中性矩，因而能夠準確捕捉到許多有效信息，如波動率微笑、峰度、偏度。為此我們首先建立了風險中性矩與期權價格的關係表達式，以期通過風險中性矩獲取期權數據中所蘊含的、能準確反應標的資產收益分佈的信息；再借鑑信息熵原理，使用富含信息的風險中性矩，構建非模型依賴的定價方法，無論市場是否完備，均能得到唯一理性的定價測度；最后利用這一定價測度（一種熵概率分佈）模擬產生標的價格路徑，採用最小二乘蒙特卡羅方法為期權定價；同時應用現代數值方法處理所涉及的計算過程，提高計算精確度。

　　為了檢測 RME 方法定價的可行性與準確性，我們進行了兩個不同環境設置下的模擬實驗，並分別使用同樣的參數同一些基準方法進行了定價結果的比較。除此之外，還使用了最具代表性的股票期權和股指期權進行了實證研究：選取包含 2008 年金融危機時期的 IBM 看漲看跌期權和 OEX 指數看跌期權進行了實證分析，用以檢驗 RME 方法的定價能力，並同其他的基準方法進行了對比。

　　本章第一節將對書中提出的內容與研究結果進行總結，第二節對目前正在進行或可以考慮的問題進行了概括，以供有興趣的讀者和科研人員進一步研究思考。

## 第一節　本書內容總結

本書是基於作者多年的學習與研究成果而成，提出了基於期權市場提取有效信息（標的收益風險中性矩）的最小二乘蒙特卡羅熵方法，為歐式、美式以及路徑依賴期權等衍生產品定價。本研究主要完成兩大任務：一是從期權價格數據提取風險中性矩；二是將風險中性矩作為約束嵌入最小二乘熵定價框架，求得「最合適」的定價測度，為衍生品給出理性定價。

本書的第一章，介紹了著寫此書的市場背景與研究背景及其研究意義，相關國內外研究現狀與動態發展，作者的原創成果與創新貢獻，閱讀此書的讀者對象與基礎要求以及學習目標。

第二章為讀者提供了詳盡的相關研究文獻的回顧與分析，主要包含三個方面：期權價格信息含量與標的收益風險中性矩、基於熵的定價方法和最小二乘蒙特卡羅方法，這些研究內容與書中的主題緊密相關。該章最後給出了整文的內容結構與安排。

第三章簡要介紹了包括期權在內的金融衍生品定價的基本知識。以及其他主要概念、必要的數學知識、定價基本模型與方法、信息熵等。

第四章簡單介紹了幾個基準定價方法的思想與原理，給出了選擇它們作為基準方法的原因，並就這些定價方法實現過程與注意點給出詳細的闡述。這些基準方法（模型）主要包括歐式期權 Black-Scholes 模型與期權價格公式；美式期權 Crank-Nicolson 有限差分方法（FD）以及 Longstaff-Schwartz 最小二乘蒙特卡羅方法；最近的有關美式期權的擴展 canonical 方法：AC08（Alcock & Carmichael, 2008）、AA10（Alcock & Auerswald, 2010）、CLM（Liu, 2010）、VCLM（Liu & Guo, 2014）等方法，這些基準方法用來同本研究提出的 RME 定價方法，在相同或相近的條件下進行定價效果的比較。

第五章主要研究如何從期權市場價格中提取所蘊含的市場有效信息。先給出標的資產對數收益的風險中性矩概念，利用隨機變量特徵函數的性質，證明了該對數收益風險中性矩與期權價格的關係，從而不依賴模型地建立起從期權市場價格數據提取這些風險中性矩的數學關係式；關係式中考慮了期權的分紅與利率不同的因素；並且可以只需市場上可得的少數幾個期權數據便能準確提取出這些風險中性矩。提取出的風險中性特徵矩表達了期權價格中所蘊含的重要有效信息，它們能夠很好地捕捉到標的資產價格（或收益）的特徵，準確

反應標的價格（收益）的分佈，因為這些風險中性矩不僅能夠保證標的資產價格過程是一個鞅過程，而且能夠將波動率微笑、標的收益的峰度和偏度考慮進來，準確地反應出標的資產的風險中性分佈，而風險中性概率分佈的正確估計對於期權的定價極為重要。在該章的后半部分，依次解決定價過程中會遇到的兩個問題：一是期權數據的不連續性問題，因為建立起來的風險中性矩與期權價格關係式要求連續的執行價格和期權價格，而現實市場中得到的數據是離散、有限的；其次是數值積分求解問題，建立起來的關係式需要採用數值方法來求解。對於第一個問題，文中採用 Black-Scholes 映射方法，即先通過可得的期權市場價格計算 Black-Scholes 隱含波動率，再反過來利用 Black-Scholes 逆映射擬合得到需要的期權價格；對於第二個問題，文中先通過一個算例比較了三種數值積分方法，最后選擇梯形積分法（trapezoidal rule）用來解決第二個問題。

第六章是有關在 RME 定價框架下得到風險中性分佈的問題。RME 框架是以信息熵（Shannon entropy）的原理為基礎，所以這一章先對 Shannon 熵的含義給出了直觀的解釋，並從組合數學角度給出了熵表達式的證明；證明了在已知的所有準確信息條件下，由 RME 模型框架所得到的唯一概率分佈是最符合真實的風險中性鞅測度，可用來作為期權「最合適」的風險中性定價測度；並進一步解釋 Shannon 熵在金融學中的含義，說明了我們構造的模型方法是可行的、有效的。接著提出能夠得到風險中性定價測度的基於（已提取的）風險中性收益矩的 RME 模型，在這個模型中除了要用到風險中性矩，還需使用歷史收益數據，這樣就可以求解模型，從而得到用來定價的風險中性概率分佈。為了能夠計算解出模型，文中還從理論上討論瞭解的存在性與唯一性條件（如作為約束的矩條件線性無關）；特別地，還討論了矩約束條件之間的相關性對模型求解的影響，確定了所要使用的矩約束；解釋了本書中的模擬實驗以及實證研究中，選擇只使用前二階、四階對數收益風險中性矩的原因，這主要是要兼顧到模型解的存在性、計算求解速度以及矩信息的重複性問題。該章還通過實際計算測試使用兩個矩和四個矩求解模型，發現在該實際例子中，四個矩條件中確實存在信息重複（通過 Lagrange 乘子計算結果反應出來），並且使用四個矩的計算時間遠高於使用兩個矩，這為第九章使用前兩個矩作為約束的 RME 定價，提供了原因解釋。選定一、二階矩作為約束之後，文中給出了 RME 模型解（即風險中性概率分佈）的結果，並從極值理論的角度給出了一種證明，這個風險中性概率分佈（也是一種等價鞅測度）是唯一存在的，這有利於解決傳統的有關不完備市場中等價鞅測度的不唯一性困局。最后，給出

了一個實現風險中性概率分佈的數值計算方法。

第七章給出了使用帶矩約束的最小二乘蒙特卡羅方法（RME）為歐式、美式期權定價的完整過程與具體步驟，該章先是在理論上證明了只要標的資產價格服從幾何布朗運動（GBM），所使用的 RME 方法得到的風險中性測度恰好是 Black-Scholes 定價的風險中性測度。接著給出 RME 方法為歐式和美式期權定價對應的模型與具體過程，主要包括以下幾個步驟：提取風險中性矩、構建基於風險中性矩的最大熵模型、求解出風險中性定價測度、生成標的資產的風險中性價格路徑、確定最優執行策略（對美式期權）和對路徑價格結果求平均值作為期權價格。

第八章研究在兩個不同的模擬環境下，RME 方法對無紅利支付情形下的美式看漲、看跌期權的定價效果，並將其同基準方法 Black-Scholes 期權定價（美式看漲）、Crank-Nicolson FD（美式看跌）方法、AC08 方法、CLM 方法進行比較。首先，基於 RME 方法得到的風險中性矩的估計值恰好與其理論值相同；比較使用 RME 和 CLM 得到的概率分佈計算四個矩，發現前者的四個計算結果與理論值均一致，但后者卻不然；為進一步說明 RME 得到的概率分佈確是風險中性概率分佈，該章第二節還在漂移率分別為 6% 和 100% 情況下，計算出其概率分佈，兩者一致，說明 RME 得到的概率分佈與漂移率無關，確實為風險中性的。這些結果表明，基於 RME 所提取的風險中性矩以及得到的風險中性分佈是準確的。

第八章的第三節，分析了兩個實驗的 RME 定價結果，並使用誤差統計量 MPE、MSE 和 MAPE 將 RME 方法與基準方法的定價結果進行比較。第一個模擬實驗中，首先比較了 RME 的估計價格與真實價格（Black-Scholes 價格和 Crank-Nicolson FD 價格分別作為無紅利支付的美式看漲期權與看跌期權真實價格），結果表明估計價格與真實價格相差無幾，且對於看漲期權，定價結果確實與可執行機會數無關；但看跌期權的估計價格與可執行點個數相關，特別是當執行點個數很小時誤差非常大，當執行點個數達到 50 時其定價結果相差極小，說明將那些看跌期權分成如此多的可選擇執行機會便足夠了，同時也注意到，在執行點僅為 1 時（即只有到期才執行），此時的美式看跌期權價格應該與歐式看跌期權價值相等，實際發現此時的看跌期權估計價格基本一致。結果還顯示，對不同類別的期權，RME 的定價即可能產生正的誤差，也可能產生負偏差，沒有一致的定價偏差，但從 MSE 的結果看來，RME 的定價是非常穩定的。其次，還比較了基準方法 AC08 定價結果。RME 方法在選擇「歷史」收益數據上很靈活，可以是任意多的數據，避免了 AC08 方法在該方面的很大

局限性。發現 AC08 方法對美式看跌期權定價展現出一致的負偏差，這與 RME 方法的結果不同，且對美式看漲期權也幾乎都出現負偏差（只有一種情況除外）；但與 RME 的美式看漲期權定價一樣，AC08 方法下的 MPE 表明定價誤差基本隨 moneyness 而遞減，而對於 MPE 和 MSE，它們均同可執行點個數 $N$ 沒有直接的關係；重要的是，通過比較 MPE 和 MSE 值，發現 RME 方法產生的價格誤差都非常小，相對 AC08 方法占絕對優勢。第二個實驗比較了 CLM 方法的結果（採用絕對誤差 AD 度量定價誤差），首先可以看到 RME 的定價與使用的 growth rate（或漂移率）無關，說明得到的價格就是風險中性價格；RME 方法對美式看漲、看跌期權均產生負偏差，這與第一個實驗結果不同，而 CLM 則產生一致的正誤差；在所有的 20 個 AD 中，RME 的 AD 中有 15 個比 CLM 得到的 AD 要小，但其他 5 個 RME 的 AD 也僅是稍微高於 CLM 的 AD；無論是美式看漲還是美式看跌期權的定價，RME 的誤差總體上小於 CLM 方法定價誤差；最后，第二個實驗的結果不像第一個實驗，該實驗中的定價結果並沒有發現定價精確度與 moneyness 的關係。

第九章選擇經典的股票期權進行實證研究，研究對象為包含 2008 年金融危機時期的 IBM 股票期權。該章先是從富含信息的 IBM 期權市場數據估計出能夠準確刻畫 IBM 股票收益分佈的信息——風險中性收益矩，接著使用 RME 方法對 IBM 看漲、看跌期權進行定價，分析定價結果，並使用基準方法 CLM 和 FD 方法對定價結果加以比較。這些方法均考慮了紅利與非常數利率因素。在篩選出合理有效的數據之后，文中還仔細處理了紅利與使用的無風險利率問題，特別是紅利因素本不應該忽略（從歷史分紅數目來看，同比當期的利率不算小）。接著就是從 IBM 看漲期權提取風險中性矩，作為約束條件嵌入 RME 定價框架、計算風險中性定價測度、生成標的資產樣本路徑、確定最優執行策略[①]、為看漲看跌期權給出價格估計、分析定價結果、同基準方法進行比較。定價結果按照 maturity 和 moneyness 分成 12 個類別；定價誤差使用 MPE、MSE 和 MAPE 來度量；對 IBM 看漲期權，使用 CLM 方法作為基準方法加以比較，對 IBM 看跌期權，使用 CLM 和 FD 方法作為基準方法加以比較。

RME 的定價結果分析表明，對 IBM 看漲期權，RME 在 12 個類別中均表現出負的定價誤差，這與上一章模擬實驗中的負向誤差結果一致；對看漲期權的

---

[①] 在為看漲期權定價時，雖然可以直接將執行機會設置為 1 次，但還是與看跌期權定價一樣，也將樣本價格路徑分成若干可執行機會，確定最優執行時刻最后給出定價。這主要考慮兩個原因：一是恰好檢測 RME 方法確定看漲期權最優執行時刻是否為到期日；二是為了使用同一個計算程序，避免再次設計和運行計算程序。

定價誤差比較均勻，其 MAPE 值基本都在 15%~20% 附近，似乎與 maturity 或 moneyness 沒有多大關聯。對於看跌期權，RME 除了一種情況（ITM-Short）外均產生負的定價偏差；定價的誤差隨 moneyness 增加而急遽減少，但與 maturity 沒有直接的關係；除了 DOTM 之外，總體上 RME 的定價誤差都很小，特別是對 ITM 和 DITM 看跌期權的定價非常精確。經過同基準方法 CLM 關於看漲期權定價的比較，發現對所有的 12 個分類，來自 RME 定價的 MAPE 值幾乎都不到 CLM 定價下 MAPE 值的一半，RME 方法定價準確度明顯高於 CLM；另外，與 RME 不同，CLM 還是對 OTM-Short 期權及 ITM-Long 期權產生了正的定價偏差。對於看跌期權，採用了兩個基準方法 CLM 和 FD 與 RME 進行比較，三種方法中，RME 對看跌期權的定價最為準確，特別是對於 ITM 和 DITM 期權定價的精確度很高；在到期日為 Short 時，CLM 方法比 FD 方法定價效果好，FD 反過來在到期日為 Long 時表現比 CLM 更好，但是 RME 方法卻比兩者 CLM 和 FD 都更能夠給出準確定價，RME 得到的 MAPE 比來自 CLM 和 FD 的 MAPE 值小得多；三種方法的定價誤差均隨 moneyness 的增加而迅速下降；還需注意到，對 DOTM-Short、OTM-Short 和 ITM-Medium、ITM-Long 期權三種方法都產生定價負偏差，文中解釋了這種現象與 1987 年金融危機后的市場調整表現出來的行為相吻合。無論是看漲還是看跌期權，比較後發現，RME 方法的定價效果明顯優於其他的基準定價方法。

第十章是基於典型的股指期權——OEX 期權的實證研究。與第九章有所不同，該實證定價研究中有關「確定最優執行策略」部分，採用改進的算法，將此問題轉化為最優停時問題，並使用改進的最小二乘算法，使得得到的價格在收斂速度與精度上有一定的改良。並在計算 RND 時，優化了算法使得 RME 方法可以使用前四階矩，從而得到的風險中性測度能有效地捕捉到波動率微笑、峰度和偏度等更多的有效信息，使得定價結果符合真實市場的表現。該實證研究中採用了最近的兩種方法作為基準方法——AA10 和 VCLM 方法，通過所使用的誤差統計量，結果表明 RME 方法表現出優異的定價能力；在所有的 12 個分類中，RME 的定價偏差比 AA10 和 VCLM 方法的誤差都小，並優於該兩種基準方法。

實證結果表明 RME 方法的誤差比 AA10 和 VCLM 方法得到的誤差都小，並且在定價 OEX 看跌期權尤其是 ITM 和 DITM 期權，RME 方法的精度相當高。此外，從重要的指標 MAPE 來看，RME 方法對看跌期權定價時表現出極好的效果。同時也有個重要的發現：三種方法的誤差都隨 moneyness 急遽變小；對於 RME 和 VCLM 方法，其誤差隨剩餘到期日變小，但 AA10 不盡然。儘管

RME 方法比 AA10 和 VCLM 方法的定價結果占絕對優勢，但對於 12 類別中的每一分類，RME 和 VCLM 的價格之差比 RME 和 AA10 的價格差要小得多。這一結果恰好說明了 RME 和 VCLM 方法所使用的約束（矩約束，隱含波動率約束），包含了許多的共同信息，而這些信息是 AA10 方法所使用的約束（ATM 看漲期權約束）沒有包含的。

同時也應注意到，三種方法的定價效果直接受影響於每種方法所使用的不同約束。AA10 方法由於使用了一個平價看漲期權作為約束，僅對具有與該看漲期權相同執行價和到期日的看跌期權能夠給出準確定價；VCLM 使用隱含波動率作為約束，得到的 RND 可以捕捉到波動率微笑曲線的信息，使得定價結果優於 AA10 方法；RME 方法使用了富含信息的各階統計矩，從而得到的 RND 可準確捕獲許多有效的市場信息，使得在所比較的方法中，RME 方法效果最佳。

## 第二節　有關本書內容的進一步研究

現代衍生品定價往往對標的資產價格過程、市場的完備性、一些參數等進行並不符合真實市場的預設或假定，這樣得到的定價或許不完全與實際市場反應出來的結果相符。為了給出更加理性、切合實際市場表現的定價，研究者們開始注重於研究從金融市場提取有效的真實信息，來為金融衍生產品定價。本書主要研究了如何從期權市場提取標的對數收益的風險中性矩信息，再結合這些矩信息條件來構建最大熵的定價模型。

鑒於所學有限以及考慮本文研究的結果，今後可以試圖從以下幾個方面進行補充和深入的研究工作。

（1）從理論上研究矩約束條件的個數對 RME 模型數值求解的影響。在統計學上，隨機變量的分佈可以通過該變量的各階矩來刻畫，顯然，對實際金融市場中標的價格（或收益）的未來分佈是不可能確切預知的。因此，是不是從市場中提取的矩越多越好？這些矩之間如何判斷是否有重複信息？矩的個數對求解模型又有何影響？這些問題都是可以進一步研究的。

（2）考慮在定價模型上加上先驗分佈。為了得到更準確的風險中性概率分佈，除了依靠衍生品，還可以考慮從標的資產獲取更多的先驗知識（作為先驗分佈），使用相對熵模型。書中研究的 RME 方法是基於最大熵模型，沒有通過統計手段獲取標的的先驗知識，只是依靠提取的風險中性矩信息來得到風

險中性分佈。

（3）書中使用了熵原理，即將目標看成熵「距離」函數（用以度量實際測度與風險中性測度的距離）從而將求解得到的分佈（最大熵分佈）作為定價測度。現在可進行這樣的假設：有沒有更合適的「距離」函數簇，甚至可以將熵距離函數看成這一「距離」函數的特例？如果有，那麼又該在這一函數簇中怎樣進行合適的選擇？這一系列問題都值得進一步研究。

# 參考文獻

[1] 黃蕙舟,鄭振龍. 無模型隱含波動率及其所包含的信息:基於恒生指數期權的經驗分析 [J]. 系統工程理論與實踐, 2009, 29 (11): 46-59.

[2] 史樹中. 金融學中的數學 [M]. 北京:高等教育出版社, 2006.

[3] 鄭振龍. 金融資產價格的信息含量:金融研究的新視角 [J]. 經濟學家, 2009 (11): 69-78.

[4] 周娟,韓立岩. 基於外匯期貨期權的隱含風險中性概率的復原與市場情緒 [J]. 系統工程理論與實踐, 2008, 28 (8): 197-205.

[5] 魏宗舒. 概率論與數理統計教程 [M]. 北京:高等教育出版社, 2004.

[6] Agmon, N., Alhassid, Y., & Levine, R. D. (1979). An algorithm for finding the distribution of maximal entropy. Journal of Computational Physics, 30, 250-258.

[7] Aït‐Sahalia, Y., & Lo, A. (1998). Nonparametric estimation of state‐price densities implicit in financial asset prices. Journal of Finance, 53, 499-547.

[8] Alcock, J., & Auerswald, D. (2010). Empirical tests of canonical nonparametric American option‐pricing methods. Journal of Futures Markets, 30, 509-532.

[9] Alcock, J., & Carmichael, T. A. (2008). Nonparametric American option pricing. Journal of Futures Markets, 28, 717-748.

[10] Alcock, J., & Gray, P. (2005). Dynamic, nonparametric hedging of European style contingent claims using canonical valuation. Finance Research Letters, 2, 41-50.

[11] Avellaneda, M., C. Friedman, R. Holmes, D. Samperi (1997). Calibra-

ting volatility surfaces via relative-entropy minimization. Applied Mathematical Finance, 4, 37-64.

[12] Bahra, B. (1997). Implied risk-neutral probability density functions from option prices: theory and application. Working paper, Bank of England. Available at SSRN: http://ssrn.com/abstract=77429.

[13] Bakshi, G., Kapadia, N., & Madan, D. (2003). Stock return characteristics, skew laws, and the differential pricing of individual equity options. Review of Financial Studies, 16, 101-143.

[14] Bakshi, G., & Madan, D. (2000). Spanning and derivative-security valuation. Journal of Financial Economics, 55, 205-238.

[15] Bakshi, G., & Madam, D. (2006). A theory of volatility spreads. Management Science, 52, 1945-1956.

[16] Banz, R., & Miller, M. (1978). Prices for state-contingent claims: some estimates and applications. Journal of Business, 51, 653-672.

[17] Barraquand, J. & Martineau, D. (1995). Numerical valuation of high dimensional multivariate American securities. Journal of Financial and Quantitative Analysis, 30, 383-405.

[18] Bates, D. (1991). The Crash of '87: Was it expected? the evidence from options markets. Journal of Finance, 46, 1009-1044.

[19] Black, F., & Scholes, M. (1973). The pricing of options and corporate liabilities. Journal of Political Economy, 81, 637-659.

[20] Bollerslev, T. & Zhou, H. (2006). Volatility puzzles: a simple framework for gauging return volatility regressions. Journal of Econometrics, 131, 123-150.

[21] Bossaerts, P. (1989). Simulation estimators of optimal early exercise. Working Paper, Carnegie Mellon University.

[22] Boyle, P. (1977). Options: A Monte Carlo approach. Journal of Financial Economics, 4, 323-338.

[23] Brandimarte, P. (2006). Numerical methods in finance and economics: a MATLAB based introduction (2nd edition). Wiley, New York.

[24] Breeden, D. T., & Litzenberger, R. H. (1978). Prices of state-contingent claims implicit in option prices. Journal of Business, 51, 621-651.

[25] Britten-Jones, M., & Neuberger, A. (2000). Option prices, implied

price processes, and stochastic volatility. Journal of Finance, 55, 839-866.

[26] Broadie, M. & Detemple, J. (1996). American option valuation: New bounds, approximations, and a comparison of existing methods. Review of Financial Studies, 9, 1211-1250.

[27] Broadie, M. & Glasserman, P. (1996). Estimating security price derivatives using simulation. Management Science, 42, 269-285.

[28] Broadie, M., Glasserman, P. (1997). Pricing American-style securities using simulation, Journal of Economic Dynamics and Control, 21, 1323-1352.

[29] Buchen, P. W., & Kelly, M. (1996). The maximum entropy distribution of an asset inferred from option prices. Journal of Financial and Quantitative Analysis, 31, 143-159.

[30] Canina, L. & Figlewski, S. (1993). The informational content of implied volatility. Review of Financial Studies , 6, 659-681.

[31] Carriere, J. (1996). Valuation of the early-exercise price for options using simulations and nonparametric regression. Insurance: Mathematics and Economics, 19: 19-30.

[32] Cao, C., F. Yu, Zhong, Z. (2011). Pricing credit default swaps with option-implied volatility. Financial Analysts Journal, Forthcoming.

[33] Carr, P. (1998). Randomization and the American put. Review of Financial Studies, 11, 597-626.

[34] Chiras, D. P., & Steven M. (1978). The information content of option prices and a test of market efficiency. Journal of Financial Economics, 10, 213-234.

[35] Christensen, B. J. & Prabhala, N. R. (1998). The relation between implied and realized volatility. Journal of Financial Economics, 50, 125-150.

[36] Corrado, C. and Su, T. (1996). Skewness and kurtosis in S&P 500 index returns implied by option prices. Journal of Financial Research, 19, 175-192.

[37] Cox, J. C., & Ross, S. A. (1976). The valuation of options for alternative stochastic processes. Journal of Financial Economics, 3, 145-166.

[38] Dalang, R. C., Morton, A. & Willinger, W. (1990). Equivalent martingale measures and no-arbitrage in stochastic securities market models. Stochastics and Stochastic Reports, 29, 185-201.

[39] Day, T., & Lewis, C. (1992). Stock market volatility and the information content of stock index options. Journal of Econometrics, 52, 267-287.

[40] Davis, M. H. A. (1997). Option pricing in incomplete markets. Mathematics of Derivative Securities, Cambridge University Press, 216-226.

[41] Delbaen, F. & Schachermayer, W. (1994). A general version of the fundamental theorem of asset pricing. Mathematische Annalen, 300, 463-520.

[42] Dudley, R. (2002). Real analysis and probability (2nd edn.). Cambridge University Press.

[43] P. Dennis & Mayhew, S. (2002). Risk-neutral skewness: Evidence from Stock Options. Journal of Financial and Quantitative Analysis, 37, 471-493.

[44] Einstein, A. (1905). This Einstein relation has been obtained independently in 1904 by William Sutherland, Ann. Phys., 17, 549.

[45] Elliott, R. J. & Madan, D. B. A. (1998). A discrete time equivalent martingale measure. Mathematical Finance, 8, 127-152.

[46] Föllmer, H. & Schweizer, M. (1991). Hedging of contingent claims under incomplete information. Applied Stochastic Analysis, 5, 389-414.

[47] Foster, F. D., & Whiteman, C. H. (1999). An application of Bayesian option pricing to the soybean market. American Journal of Agricultural Economics, 81, 722-728.

[48] Foster, F. D., & Whiteman, C. H. (2006). Bayesian prediction, entropy, and option pricing. Australian Journal of Management, 31, 181-206.

[49] Frittelli, M. (2000). The minimal entropy martingale measure and the valuation problem in incomplete markets. Mathematical Finance, 10, 39-52.

[50] Geman, H., Madan, D. et al. (2000). Mathematical Finance-Bachelier Congress, Springer Finance, New York.

[51] Gerber, H. U. & Shiu, E. S. W. (1994). Option pricing by Esscher transforms. Transactions of Society of Actuaries, 46, 99-191.

[52] Gray, P., & Newman, S. (2005). Canonical valuation of options in the presence of stochastic volatility. Journal of Futures Markets, 25, 1-19.

[53] Gray, P., Edwards, S., & Kalotay, E. (2007). Canonical valuation and hedging of index options. Journal of Futures Markets, 27, 771-790.

[54] Grundy, B. D. (1991). Option prices and the underlying asset's return distribution. Journal of Finance, 46, 1045-1069.

[55] Gulko, L. (1997). Dart boards and asset prices: introducing the entropy pricing theory. Advances in Econometrics, 12, 237-276.

[56] Harrison, J. & Kreps, D. (1979). Martingales and arbitrage in multiperiod securities markets. Journal of Economic Theory, 20, 381-408.

[57] Harrison, J. & Pliska, S. (1981). Martingales and stochastic integrals in the theory of continuous trading. Proc. Appl., 11, 215-260.

[58] Heston, S. (1993). A closed-form solution for options with stochastic volatility with applications to bond and currency options. Review of Financial Studies, 6, 327-343.

[59] Hull, J. C. (2009). Options, Futures, and Other Derivatives. Pearson Prentice Hall, New Jersey.

[60] Ingersoll, J. E. (1987). Theory of financial decision making. Savage, MD: Rowman & Littlewood Publishers, Inc.

[61] Itô, K. (1951). Multiple Wiener integrals, J. Math. Society of Japan, 3, 157-169.

[62] Jackwerth, J. C. (1999). Option-implied risk-neutral distributions and implied binomial trees: A Literature Review. Journal of Derivatives, 7, 66-82.

[63] Jackwerth, J. C., & Rubinstein, M. (1996). Recovering probability distribution from option prices. Journal of Finance, 51, 1611-1631.

[64] Jarrow, R., & Rudd, A. (1982). Approximate valuation for arbitrary stochastic processes. Journal of Financial Economics, 10, 347-369.

[65] Jaynes, E. T. (1957). Information theory and statistical mechanics I, Physical Review, 106, 620-630.

[66] Jaynes, E. T. (1982). On the rationale of maximum-entropy methods. Proceedings of the IEEE, 70, 939-952.

[67] Jiang, G. J., & Tian, Y. S. (2005). The model-free implied volatility and its information content. Review of Financial Studies, 18, 1305-1342.

[68] Kang, B., & Kim, T. (2006). Option implied risk preferences—An extension to wider classes of utility functions. Journal of Financial Markets, 9, 180-198.

[69] Kang, B., Kim, T. & Yoon, S. (2010). Information content of volatility spreads. Journal of Futures Markets, 30, 533-558.

[70] Kolmogorov, A. N. (1992). On analytic methods in probability theory, Kluwer, Dordrecht.

[71] Krippendorff, K. (1986). Information Theory-series: Quantitative Applications in the Social Sciences. Sage Publications.

［72］Kullback, S., & Leibler, R. A. (1951). On information and sufficiency. Annals of Mathematical Statistics, 22, 79-86.

［73］Liu, Q. (2010). Pricing American options by canonical least-squares Monte Carlo. Journal of Futures Markets, 30, 175-187.

［74］Liu, Q., & Guo, S. (2014). Variance-constrained canonical least-squares Monte Carlo: An accurate method for pricing American options, North American Journal of Economics and Finance, 28, 77-89.

［75］Liu, Q., & Yu, X. S. (2013). Canonical least-squares Monte Carlo: Empirical Evidences from S&P 100 Index and IBM Puts. International Review of Applied Financial Issues and Economics, 5, 28-35.

［76］Longo, G. (1973). Selected Topics in Information Theory. Springer-Verlag Wien-NewYork.

［77］Longstaff, F. A., & Schwartz, E. S. (2001). Valuing American options by simulation: A simple least-squares approach. Review of Financial Studies, 14, 113-147.

［78］Mead, L. R., & Papanicolaou, N. (1984). Maximum entropy in the problem of moments. Journal of Mathematical Physics, 25, 2404-2517.

［79］Melick, W. R., & Thomas, C. P. (1997). Recovering an asset's implied PDF from option prices: an application to crude oil during the gulf crisis. Journal of Financial and Quantitative Analysis, 32, 91-115.

［80］Merton, R. C. (1973). Theory of rational option pricing. Bell Journal of Economics and Management Science, 4, 141-183.

［81］Neftci, S. N. (2007). An Introduction to the Mathematics of Financial Derivatives. Elsevier (Singapore) Pte Ltd.

［82］Rompolis, L. S. (2010). Retrieving risk neutral densities from European option prices based on the principle of maximum entropy. Journal of Empirical Finance, 17, 918-937.

［83］Rubinstein, M. (1994). Implied binomial trees, Journal of Finance, 49, 771-818.

［84］Samuelson, P. A. (1965). Rational theory of warrant pricing. Industrial Management Review, 6, 13-40.

［85］Schweizer, M. (1996). Approximation pricing and the variance-optimal martingale measure. Annals of Probability, 24, 206-236.

[86] Shannon, C. E. (1948). The mathematical theory of communication. Bell Systems Technical Journal, 27, 379-423; 623-656.

[87] Shimko, D. (1993). Bounds of probability, Risk, 6, 33-37.

[88] Shreve, S. E. (2004). Stochastic Calculus for Finance I-II. Springer.

[89] Stentoft, L. (2004). Assessing the least-squares Monte-Carlo approach to American option valuation. Review of Derivatives Research, 7, 129-168.

[90] Stutzer, M. (1996). A simple nonparametric approach to derivative security valuation. Journal of Finance, 51, 1633-1652.

[91] Stutzer, M. & Chowdhury, M. (1999). A simple nonparametric approach to bond futures option pricing. Journal of Fixed Income, 8, 67-75.

[92] Stutzer, M. (2000). Simple entropic derivation of a generalized Black-Scholes model. Entropy, 2, 70-77.

[93] Taqqu, M. S. & Willinger, W. (1987). The analysis of finite security markets using martingales. Advanced Applied Probability, 19, 1-25.

[94] Tilley, J. A. (1993). Valuing American options in a Path Simulation model. Transactions of the Society of Actuaries, 45, 83-104.

[95] Tsitsiklis, J. & Van Roy, B. (1999). Optimal stopping of Markov processes: Hilbert space theory, approximation algorithms, and an application to pricing high-dimensional financial derivatives. IEEE Transactions on Automatic Control, 44, 1840-1851.

[96] Wiener, N. (1921a). The average of an analytic functional, Proc. Natl. Acad. Sci. (USA), 7, 294.

[97] Wiener, N. (1921b). The average of an analytic functional and Brownian motion, Proc. Natl. Acad. Sci. (USA), 7, 253.

[98] Wiener, N. (1923). Differential, J. Math. Phys., 2, 131.

[99] Wilmott, P, Howison, S. & Dewynne, J. (1995). Mathematics of Financial Derivatives. Cambridge University Press.

[100] Wu, X. (2003). Calculation of maximum entropy densities with application to income distribution. Journal of Econometrics, 115, 347-354.

[101] Yong, J. F. (1971). Information Theory. London Butterworth & Co Ltd.

[102] Yu, X. & X. Xie (2015). Pricing American options: RNMs-constrained

entropic least-squares approach. North American Journal of Economics and Finance, 31, 155–173.

[103] Yu, X. & Q. Liu (2014). Canonical least-squares Monte Carlo valuation of American options: Convergence and empirical pricing analysis. Mathematical Problems in Engineering, Vol. 2014.

[104] Yu, X. & L. Yang (2014). Pricing American options using a nonparametric entropy approach. Discrete Dynamics in Nature and Society, Vol. 2014.

# 附　錄

## 附錄 A：證明

### A-1　引理 5.1 的證明

證明過程用到特徵函數及其性質（見第三章第四節「特徵函數」）。

記 $(\Omega, F_t, \pi^*)$ 為時間區間 $[t, T]$ $(t_0 \leq t \leq T)$ 上的一個概率空間，$F_t$ 是域流。對數收益 $log(R_{T-t}) = log(S_{T-t}/S_t)$ 的特徵函數記著：$\Phi_R(x) = E(exp[ixlog(R_{T-t})])$，這裡 $E$ 是在鞅測度 $\pi^*$ 下的期望算子，其中 $i$ 為虛數單位 $i = \sqrt{-1}$。先推導 $\Phi_R(x)$ 的解析表達式。

定義一個關於標的價格 $S_T$ 連續且（至少二階）可微函數：

$$f(S_T) = exp[ixlog(R_{T-t})]$$

使用二階 Taylor 定理（Dudley, 2002, 第 522 頁）得到：

$$\begin{aligned}
f(S_T) &= f(S_t) + f'(S_t)(S_T - S_t) + 1_{S_T > S_t} \int_{S_t}^{S_T} f''(x)(S_T - x)dx \\
&\quad + 1_{S_T \leq S_t} \int_{S_T}^{S_t} f''(x)(x - S_T)dx \\
&= f(S_t) + f'(S_t)(S_T - S_t) + \int_{S_t}^{S_T} f''(x)(S_T - x)^+ dx \\
&\quad + \int_{S_t}^{S_T} f''(x)(x - S_T)^+ dx \\
&= f(S_t) + f'(S_t)(S_T - S_t) + \int_{S_t}^{S_T} f''(K)(S_T - K)^+ dK \\
&\quad + \int_{S_t}^{S_T} f''(K)(K - S_T)^+ dx
\end{aligned} \quad (A1)$$

由上述標的收益的定義 $log(R_{T-t}) \equiv log(S_{T-t}/S_t)$，特徵函數為 $\Phi_R(x) = E(f(S_T)) = E(exp[ixlog(R_{T-t})])$。於是根據上式（A1），結合無套利條件，並使用軼條件 $E(S_T)/S_t = e^{(r-q)(T-t)}$，特徵函數 $\Phi_R(x)$ 可表示為：

$$\Phi_R(x) = 1 + ix[E(S_T)/S_t - 1]$$

$$- [\int_{S_t}^{\infty} \{x(x+i)/K\} e^{ixlog(K/S_t)} E((S_T - K)^+) dK$$

$$+ \int_0^{S_t} \{x(x+i)/K\} e^{ixlog(K/S_t)} E((K - S_T)^+) dK]$$

$$= 1 + ix[e^{(r-q)(T-t)} - 1]$$

$$- [\int_{S_t}^{\infty} \{x(x+i)/K\} e^{ixlog(K/S_t)} c(T, K) dK$$

$$+ \int_0^{S_t} \{x(x+i)/K\} e^{ixlog(K/S_t)} p(T, K) dK]$$

最后根據特徵函數與統計矩關係，進行求導運算就可計算 $j$ 階風險中性矩 $\gamma_j (j \geq 1$，不只限於 4 階)：

$$\gamma_j = E^{\pi^*}([log(R_{(T-t)})]^j)$$
$$= (1/i^j)(d^j[\Phi_R(x)]/dx^j)|_{x=0} \quad (A2)$$

由此，分別取 $j = 1, 2, 3, 4$，則（A2）可給出 4 個階的風險中性收益矩表達式（5.1）－（5.4）。引理得證。

□

### A-2　定理 5.1 的證明

記 $(T-t_0)$-期對數收益 $log(R_{T-t_0}) = log(S_T/S_{t_0})$ 的特徵函數為 $\Phi_{T-t_0}(x) = E^{\pi^*}(e^{ixlog(R_{T-t_0})})$，$\tau$-期對數收益 $log(R_\tau) = log(S_{t+\tau}/S_t)$ 的特徵函數記為 $\Phi_\tau(x) = E^{\pi^*}(e^{ixlog(R_\tau)})$。那麼由 $\tau$-期對數收益的獨立同分佈假設（在風險中性測度 $\pi^*$），

$$\Phi_{T-t_0}(x) = E(e^{ixlog(R_{T-t_0})}) = E[(S_{T-t_0}/S_{t_0})^{ix}]$$
$$= E[(S_{T-t_0}/S_{T-t_0-\tau})^{ix}(S_{T-t_0-\tau}/S_{T-t_0-2\tau})^{ix}$$
$$(S_{T-t_0-2\tau}/S_{T-t_0-3\tau})^{ix} \cdots (S_\tau/S_{t_0})^{ix}]$$
$$= (E[(S_\tau/S_{t_0})^{ix}])^N$$
$$= [\Phi_\tau(x)]^N$$

或者等價地有，$\Phi_\tau(x) = [\Phi_{T-t_0}(x)]^{1/N}$。

再利用特徵函數與矩的關係 $m_j = (1/i^j)(d^j[\Phi_\tau(x)]/dx^j)|_{x=0}$,則有:

$$m_1 = (1/i)(d[\Phi_\tau(x)]/dx)|_{x=0}$$

$$= \frac{1}{i}\frac{1}{N}\{[\Phi_{T-t_0}(x)]^{(1/N)-1}\}|_{x=0}\frac{d[\Phi_{T-t_0}(x)]}{dx}|_{x=0}$$

$$= \frac{\gamma_1}{N}$$

於是一階風險中性矩證明完了。再重複上述的求導過程,剩下的各階風險中性矩 $m_2$, $m_3$ 和 $m_4$ 同樣可以給出證明。

□

### A-3 定理 6.1 的證明

首先有下面的極限:$\lim_{n\to\infty}\frac{n}{\sqrt[n]{n!}}=1$,於是當 $n_i$ 充分大時有:

$$n_i! \approx n_i^{n_i},\ N! \approx N^N$$

(或由 Stirling 公式有:$n! \approx \sqrt{2\pi n}e^{-n}n^n$),下面考慮 $log[s(\vec{n})]/N$。由引理 4.2,再利用上式,通過化簡可得:

$$\frac{log[s(\vec{n})]}{N} = log(N!)-\sum_{i=1}^{K}n_i!$$

$$\stackrel{N\to\infty}{=} -\sum_{i=1}^{K}p_i log(p_i)$$

$$\equiv H(p)$$

其中 $p_i = n_i/N$。

□

### A-4 定理 6.2 的證明

構造 Lagrange 函數

$$L(\pi^*,\lambda) = \sum_{k=1}^{H}\pi_k^* log(\pi_k^*) - \lambda_0\left(\sum_{k=1}^{H}\pi_k^* - 1\right)$$
$$- \sum_{j=1}^{2}\left(\lambda_j\left(\sum_{k=1}^{H}\pi_k^*[log(R_{\tau,k})]^j - m_j\right)\right)$$

使用一階條件並化簡,可得表達式:

$$\hat{\pi}_k^* = exp[(\lambda_0 - 1) + (\sum_{j=1}^{2}\lambda_j[log(R_{\tau,k})]^j)]$$

由 $\sum_{k=1}^{H}\pi_k^* = 1$,上式表達式化為:

$$\hat{\pi}_k^* = \frac{exp\left(\sum_{j=1}^{2} \lambda_j [log(R_{\tau,k})]^j\right)}{\sum_{k=1}^{H} exp\left(\sum_{j=1}^{2} \lambda_j [log(R_{\tau,k})]^j\right)}$$

再將其代入約束 $\sum_{k=1}^{H} \pi_k^* [log(R_{\tau,k})]^j = m_j$ 可得，

$$\sum_{k=1}^{H} exp\left(\sum_{j=1}^{2} \lambda_j [log(R_{\tau,k})]^j\right) ([log(R_{\tau,k})]^j - m_j) = 0$$

兩邊乘上非零的因子 $exp\left(-\sum_{j=1}^{2} \lambda_j m_j\right)$ 得到，

$$\sum_{k=1}^{H} exp\left(\sum_{j=1}^{2} \lambda_j [(log(R_{\tau,k}))^j - m_j]\right) ([log(R_{\tau,k})]^j - m_j) = 0$$

而此式恰好可以表達為一函數的導數，即上式可寫為：

$$d\left(\sum_{k=1}^{H} exp\left(\sum_{j=1}^{2} \lambda_j [(log(R_{\tau,k}))^j - m_j]\right)\right)/d\lambda_j = 0$$

同時注意到，上面的導數為零的式子，從極值理論角度看，又可以表達成函數的求極值問題：

$$\lambda^* = \underset{\lambda_1, \lambda_2}{argmin} \sum_{k=1}^{H} exp\left(\sum_{j=1}^{2} \lambda_j [(log(R_{\tau,k}))^j - m_j]\right)$$

恰好是式子 (6.6)。結論得證。

□

## A-5 引理 7.1 的證明

對 (7.1) 使用 Itô 引理（定理 3.3），得到：

$$d(e^{-rt}S_t) = e^{-rt}(\mu - r)S_t dt + e^{-rt}\sigma S_t d\omega_t$$

要使得 $e^{-rt}S_t$ 在測度 $\pi^*$ 下滿足鞅性，則對應地有：

$$e^{-rt}\sigma S_t d\omega_t^* = e^{-rt}(\mu - r)S_t dt + e^{-rt}\sigma S_t d\omega_t$$

由此，

$$\omega_t^* = \omega_t - \frac{r - \mu}{\sigma}t \tag{A3}$$

$\omega_t^*$ 為測度 $\pi^*$ 下的標準 Brownian 運動。

再根據 Girsanov 定理（定理 3.8），

$$\frac{d\pi^*}{d\pi} = exp\left[-\int_0^t \theta(s)d\omega(s) - \frac{1}{2}\int_0^t \theta^2(s)ds\right]$$

$$= exp\left(-\frac{1}{2}\rho^2 t + \rho\omega_t\right)$$

引理得證。

□

## A-6 引理 7.2 的證明

由 Itô 引理（定理 3.3），可求解模型（7.1）得，
$$S_t = S_0 e^{(\mu-\sigma^2/2)t+\sigma\omega_t}$$
因此，
$$log(R_\tau) = (\mu - \sigma^2/2)\tau + \sigma\omega_\tau \qquad (A4)$$
再利用（A3）式得到：
$$\begin{aligned}
m_1 &= E^{\pi^*}[log(R_\tau)] \\
&= E^{\pi^*}[(\mu - \sigma^2/2)\tau + \sigma\omega_\tau] \\
&= (\mu - \sigma^2/2)\tau + \sigma E^{\pi^*}[\omega_\tau^* + \frac{r-\mu}{\sigma}\tau] \\
&= (r - \sigma^2/2)\tau
\end{aligned}$$

$$\begin{aligned}
m_2 &= E^{\pi^*}[(log(R_\tau))^2] \\
&= E^{\pi^*}[((\mu - \sigma^2/2)\tau + \sigma\omega_\tau)^2] \\
&= E^{\pi^*}[(\mu - \sigma^2/2)^2\tau^2 + 2\sigma(\mu - \sigma^2/2)\tau\omega_\tau + \sigma^2\omega_\tau^2] \\
&= (\mu - \sigma^2/2)^2\tau^2 + (2\sigma(\mu - \sigma^2/2)\tau)E^{\pi^*}[\omega_\tau] + \sigma^2 E^{\pi^*}[\omega_\tau^2] \\
&= [(r - \sigma^2/2)\tau]^2 + \sigma^2\tau
\end{aligned}$$

引理得證。

□

## A-7 定理 7.1 的證明

由式（A4），
$$\begin{aligned}
&exp\{\lambda_1(log(R_\tau) - m_1)\} \\
&= exp\{\lambda_1[(r - 1/2\sigma^2)\tau + \sigma\omega_\tau]\}
\end{aligned}$$
於是有，
$$\begin{aligned}
&E^{\pi}[exp\{\lambda_1(log(R_\tau) - m_1)\}] \\
&= exp[\lambda_1(r - 1/2\sigma^2)\tau] \cdot E^{\pi}[exp(\lambda_1)\sigma\omega_\tau]
\end{aligned}$$
$\omega_\tau$ 是測度 $\pi$ 下的標準 Brownian 運動，計算上式並對指數部分求偏導，令為零可求解得到：
$$\begin{aligned}
\frac{d\pi^*}{d\pi} &= \frac{exp(\lambda_1^* log(R_\tau))}{E^{\pi}[exp(\lambda_1^* log(R_\tau))]} \\
&= exp\{-\frac{1}{2}(\frac{r-\mu}{\sigma})^2 t + (\frac{r-\mu}{\sigma})\omega_t\}
\end{aligned}$$
恰好與引理 7.1 中的 Radon-Nikodym 導數一致。定理得證。

□

# 附錄 B：Matlab 代碼

本書模擬與實證部分的內容，用到許多計算程序。為方便讀者檢閱，筆者將所有程序基於常用的 Matlab 軟件進行了編寫。

國家圖書館出版品預行編目(CIP)資料

期權的價格信息與熵定價方法 / 余喜生 著. -- 第一版.
-- 臺北市：崧博出版：崧燁文化發行, 2018.09

　面　；　公分

ISBN 978-957-735-500-3(平裝)

1.股票投資 2.期貨交易 3.選擇權

563.53　　　107015387

書　名：期權的價格信息與熵定價方法
作　者：余喜生 著
發行人：黃振庭
出版者：崧博出版事業有限公司
發行者：崧燁文化事業有限公司
E-mail：sonbookservice@gmail.com
粉絲頁　　　　　網　址：
地　址：台北市中正區重慶南路一段六十一號八樓815室
8F.-815, No.61, Sec. 1, Chongqing S. Rd., Zhongzheng Dist., Taipei City 100, Taiwan (R.O.C.)
電　話：(02)2370-3310　傳　真：(02) 2370-3210
總經銷：紅螞蟻圖書有限公司
地　址：台北市內湖區舊宗路二段 121 巷 19 號
電　話：02-2795-3656　傳真:02-2795-4100　網址：
印　刷：京峯彩色印刷有限公司（京峰數位）

　　本書版權為西南財經大學出版社所有授權崧博出版事業有限公司獨家發行
　　電子書繁體字版。若有其他相關權利及授權需求請與本公司聯繫。

定價：300 元

發行日期：2018 年 9 月第一版

◎ 本書以POD印製發行